精准扶贫的治理逻辑

来自云南的样本

GOVERNANCE LOGIC OF
TARGETED POVERTY
ALLEVIATION

A Sample from Yunnan

陈忠言———— 著

社会科学文献出版社
SOCIAL SCIENCES ACADEMIC PRESS (CHINA)

本书由云南大学"双一流"学科建设（政治学）经费资助，在此感谢！

自　序

习近平总书记指出："贫困是人类社会的顽疾。反贫困始终是古今中外治国安邦的一件大事。"党的十八大以来，以习近平同志为核心的党中央，把脱贫攻坚摆在治国理政的突出位置，团结带领全党全国各族人民打响了人类历史上规模最大、力度最强、惠及人口最多的脱贫攻坚战。2021 年 2 月 25 日，他在全国脱贫攻坚总结表彰大会上庄严宣告："我国脱贫攻坚战取得了全面胜利，现行标准下 9899 万农村贫困人口全部脱贫，832 个贫困县全部摘帽，12.8 万个贫困村全部出列，区域性整体贫困得到解决，完成了消除绝对贫困的艰巨任务"。这意味着中国提前 10 年实现联合国可持续发展议程确定的减贫目标，我们在解决困扰中华民族几千年的绝对贫困问题上取得了历史性伟大成就。

8 年来，中央、省、市县财政专项扶贫资金累计投入近 1.6 万亿元，其中中央财政累计投入 6601 亿元。扶贫小额信贷累计发放 7100 多亿元，扶贫再贷款累计发放 6688 亿元，金融精准扶贫贷款发放 9.2 万亿元，东部 9 省市共向扶贫协作地区投入财政援助和社会帮扶资金 1005 亿多元，东部地区企业赴扶贫协作地区累计投资 1 万多亿元。全国累计选派 25.5 万个驻村工作队、300 多万名第一书记和驻村干部，同近 200 万名乡镇干部和数百万村干部一道奋战在扶贫一线……

为什么中国共产党和中国政府愿意在扶贫这件事上投入这么多人力、物力、财力？为什么中国的农村扶贫治理能取得举世瞩目的成绩？

这一整套行之有效的工作体系、制度体系，具有中国特色反贫困理论的内在治理的特征和逻辑是什么？这是本书试图回答的问题。

本书最大的学术价值在于，提出了一个可以很好归纳中国农村扶贫治理内在的特征的概念工具——"整体性扶贫"。该概念最早由中国人民大学教授康晓光提出。虽然字面上与1997年发端于英国的"整体性政府"（Holistic government）相似，但二者内部的逻辑存在着很大的差异。西方的整体性强调加强政府内部各层级、政府与社会的协同合作与功能整合，以公民需求为导向，避免碎片化治理、实现政府的无缝隙服务和治理。中国的扶贫治理则在1994年的"八七扶贫攻坚计划"中就已表现出"整体性"的特征。由于贫困本身的多维性属性就要求政府内部多个部门的共同参与，如一个贫困村的整村推进项目就可能涉及到从中央到基层各级财政资金和多个政府部门项目的整合。但中国扶贫方案的整体性还不止于此，首先"三位一体"的大扶贫格局实现了对政府、市场、社会的整合。其次，社会扶贫中的东西协作、定点帮扶和"挂钩帮"等机制不仅涉及不同地方政府间协同合作，还实现了各政府机关与贫困县、党政干部和贫困户之间的精密联机。最后，也最重要的是这种模式动员了全社会的力量都积极参与进来，如利用网络扶贫、消费扶贫、政府主官"网络带货"等手段，政府充分动员了内外部的各种资源，实现了对于行政机制、市场机制、社会机制的有机整合。可以说中国的农村扶贫以全国全社会整体的力量、整体性全方位地来实现贫困地区和贫困人群的自我发展，以彻底摆脱贫困。

中国"整体性扶贫"与西方"整体性治理"的区别，不仅仅是以上整合对象、整合形式上的差异，还有其背后支撑整合得以进行的驱动力上的不同。如中国共产党自身的执政理念与战略目标、中国政府特有的政治动员能力和制度优势、中华民族悠久的政治文化都是这套"方案"行之有效的根本保证。而在西方以多党轮流执政、民主化政府与自由主义至上为特征的政治体制之下则很难完成如此大规模和有效率的"整合"。更不会以举国之力、持久地来改善少部分人的生活状态和发展水平。

本人博士阶段就读于中国人民大学公共管理学院，师从康晓光教授，在恩师的带领下进入了贫困治理和非营利组织管理的研究领域，本书的初稿也是基于博士论文基础上的修改完善。毕业后进入云南大学滇西发展研究中心工作，该中心的主要工作是配合教育部完成滇西片区的定点扶贫工作并提供科研支持。本人利用工作上的优势，更加近距离地观察中国农村扶贫，特别是滇西边境连片地区的脱贫实践，进一步加深了对精准扶贫内部机制的认识和思考。长期对中国扶贫治理的关注与学术积累为本书提供了大量鲜活的案例和一手资料，全方位展现了我国政府、社会、市场"三位一体"的大扶贫格局，揭示了精准扶贫跨地区、跨部门、跨领域、多主体的全面整合过程。我相信该书的出版将有利于丰富我国农村贫困治理模式的经验总结，有利于对精准扶贫这样具有中国公共管理典型性的"中国模式"的归纳和推广，让更多的人知悉"中国故事"的内部机制。

前　言

消除贫困是人类共同的使命，也是中华民族自古以来追求的梦想。《礼记·礼运》提出："人不独亲其亲，不独子其子，使老有所终，壮有所用……矜、寡、孤、独、废疾者皆有所养。"改革开放40多年来，中国的经济社会事业取得了飞速发展，同时中国的农村大规模减贫，数亿人摆脱了极端贫困的状况，这是全世界一致认可的伟大成就。中国的农村扶贫实践从救济式扶贫到开发式扶贫再到精准扶贫，积累了丰富的经验，成功走出了一条中国特色扶贫道路，取得了举世瞩目的成就。中国的农村扶贫治理模式不仅在国内成果显著，也为全球减贫提供了一个范本。总结和完善中国的扶贫治理模式，形成学术成果，为人类减贫模式提供中国经验就很有意义。在总结我国扶贫经验的过程中，就会自然而然地产生一个问题：为什么世界上大多数发展中国家，甚至发达国家，没有取得像我国一样的减贫成就？一个可能的答案是，我国具有独特的政治优势和制度优势。那么我们这种独具特色的治理模式与西方主流的治理模式有哪些差别？它是一种怎样的治理机制或逻辑？这就是本书想要回答的终极问题。

改革开放40多年来的恢宏历程是塑造这种治理模式的重要背景。改革开放最大的成就就是确立了市场经济在资源配置中的主体地位，这必然带来国家与社会的分离，这既是市场经济发展的一个必要前提，也是一个自然而然的结果。市场的主体地位意味着市场越来越多地控制资源的生产和分配,同时社会也获得了越来越多的自由空间。政治稳定前提下持续的经济增长尽管使财富的"蛋糕"越做越大,但由社会掌控的份额也在随之增长。无论是在经济领域,还是在社会领域,我们都能看到各方面的力量和资源越来越多,中国进入了一个多元化主体、多元化资源、多元化机制并存的多元化时代。在以"多元化"为特征的新时代,中国政府仅靠自身的力量难以达成一系列宏大的目标,必须通过对自身及社会的整合,才能应对转型时期公共行政面临的日益复杂的新挑战、新问题,满足人民群众对"扶贫"公共服务日益增长和多元化的需求。而对中国政府来说,全面建成小康社会正是多个宏大目标中的重头戏,无论是扶贫治理本身的难度还是政府自身的能力都要求对政府内外部的多元主体、机制、资源进行整合,可以说整合是中国农村扶贫最显著和最根本的治理机制之一。

基于以上考虑,本书以中国农村扶贫为研究对象,通过对以云南为代表的典型案例的研究,归纳总结出中国政府在扶贫治理中的这套治理方案的特点。依据其对多元主体、多元机制整合的特征,通过与西方治理理论的对比构建出整体性扶贫这一概念,以概括中国农村扶贫治理中的整合逻辑,为中国公共行政的本土化贡献一份微薄之力。

总体而言,本书基于西方治理理论构建了一个适用于研究分析中国农村扶贫乃至管窥中国政府公共行政的内部逻辑的描述框架;通过对以云南为代表的精准扶贫典型案例的深度剖析,总结归纳出中国农村精准扶贫的内部治理机制和特征。这种治理模式以对内跨部门、跨地域、跨层级的多层协作,对外与市场主体、社会组织积极合作的多元整合为特征,弥补了行政机制层级结构的局限性,扩展了政府实现"宏大目标"的手段。该模式以党的领导、行政权威、利益共享、价值认同等为整合动力,综合运用行政机制、市场机制、非营利机制的优点,动员包括企业、社会组织、个人在内的一切社会力量,在致力于实现消除农村绝对贫困伟大目标的道路上不断迈进。

　　政府主导下的"整体性"是该模式最大的特征，具体表现为以下两点。第一，中国社会主义的道路相比其他国家在扶贫工作上有着更加强烈的政治意愿和责任感。这体现在党的领导下，政府几乎动员了现存的一切"主体""机制""资源"参与农村扶贫事业，以整个国家的力量解决少部分人的贫困问题，以实现"全面建成小康社会"的伟大目标。这充分体现了"集中力量办大事"的制度优势。第二，精准扶贫模式在很大程度上克服了公共管理中容易出现的"九龙治水、各自为政"的碎片化治理问题，实现了政府内部各部门各层级之间，政府、市场、社会之间的有效协同治理。本书将该种模式概念化为"整体性扶贫"（Holistic Poverty Reduction），并通过与西方网络化治理、整体性治理理论等的比较，确定了整体性扶贫的独创性。这种模式充分体现了我们国家制度的优势，对于增强"道路自信""理论自信""制度自信"，在国际上推广我们的贫困治理模式有积极的意义。

目录

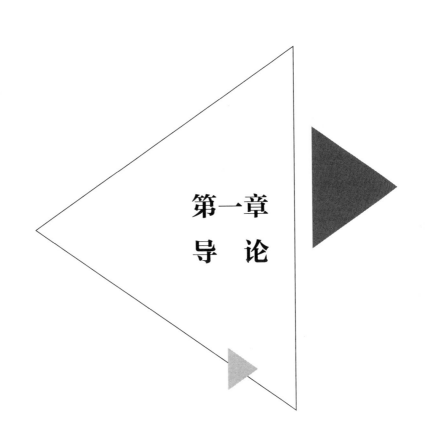

第一章

导　论

第一节 研究背景——新时代的伟大成就

一 多元化与新挑战

进入资本主义社会以来，人类创造了由科层制的政府管理方式、市场化的资源配置方式、非营利机制为主体的社会治理方式构成的多元化的公共治理方式。随着西方福利国家管理危机的出现和新公共管理运动的兴起，在20世纪最后20年，全球治理模式发生了深刻转型，即从政府主导的一元化治理转向政府、市场与社会组织共同参与的多元化治理。进入21世纪后，善治（good governance）理论更明确提出了以政府、第三部门、公共部门、私人部门之间的相互协作管理和伙伴关系为基础来最大限度地增进公共利益。这种多元化的治理结构，打破了传统单中心的，官僚制下以科层制、权威为主的管控模式，强调多部门参与，主张以伙伴关系、网络化等治理手段解决公共问题。

中国的公共管理也发生着类似的改变。改革开放打破了政府一元化的格局，市场经济的发展、国家与社会的分离是多元化方式发生作用的前提条件。市场经济推行的结果之一是让社会中最重要的部分——经济活动获得了一定的独立性，社会获得了越来越大的自主权。随着经济的持续发展，财富或资源蛋糕越做越大，社会上的资源越来越多。这样的背景为社会的发育提供了前提条件，随着市场经济的发展，社会、文化领域中的民间力量也日益强大。经过40多年的发展,无论是经济领域、社会领域还是文化领域,社会力量越来越强大。多元化的主体、多元化的资源、多元化的机制出现了。[①] 另外,全球化和科学技术的日新月异给公共管理带来了新的挑战,出现了更加复杂、棘手的综合性问题,仅依靠政府传统层级制的管理模式已难以应对这些问题,客观上要求政府调动这些多元化的方式来实现公共利益的最大化。

具体到中国农村扶贫治理领域,中国政府也面临一系列新问题和挑战。中国的农村扶贫自改革开放以来取得了巨大的成绩。1978年后以家庭联产承包责任制、开放农村市场为核心内容的制度变革使农村经济高速发展。1978年农村居民家庭人均收入仅为134元,到1996年家庭人均收入就突破了2000元;恩格尔系数从1978年的68%下降到2007年的43%;贫困人口由1978年的2.6亿人下降到1998年的0.42亿人。即使按照国际认可的标准看,每天人均消费低于1美元的绝对贫困人口数也从1981年的6.52亿下降到2004年的1.35亿(即每天消费少于1美元的人口比例从65%下降到10%),5亿多人摆脱了贫困。如此多的人口在如此短的时间摆脱贫困可谓史无前例。[②] 世界银行的研究显示,中国在20世纪的减贫成就主要依靠经济增长,即经济增长1个百分点,农村贫困人口就减少0.8%。可以说,在此阶段,经济快速发展下的市场是实现上述减贫成就的主要力量。

在"多元化"的背景下,面对现实的复杂局面,为了实现"全面小康社会"和"共同富裕"的政治目标,中国政府不断努力、持续学习创新,在实践中形成了一套独具特色、系统的减贫方案。首先,创造有利于减贫的经济增长环境。经济发展的好处并不能自动带给穷人,特别是那些

① 康晓光:《邓小平时代》,八方出版社,2014,第119页。
② 世界银行、东亚及太平洋地区扶贫与经济管理局:《从贫困地区到贫困人群:中国扶贫议程演进》,2009,第iii页。

极度贫困的人群。经济增长只是减贫的必要条件而不是充分条件。因此中国政府出台了一系列有利于穷人的经济增长政策，一方面不断加大对农业部门的投入，大力提升了农村基础生产生活设施水平，发放各种农业补贴促进农业增长；另一方面使收入分配更加公平，如减免农业税、农村义务教育"两免一补"减轻农村负担，鼓励和保护农民外出务工增加收入渠道。其次，不断建立健全农村安全网。农村安全网包括社会救助、医疗保障、教育补助等，如民政系统的灾害救济制度、五保供养制度、最低生活保障制度；卫生系统的农村医疗救助制度和新型医疗合作制度；教育系统的义务教育工程、中小学危房改造工程、农村寄宿制学校建设工程、"两免一补"；等等。最后，也是最为重要的，是政府主导的开发式扶贫模式。

但是，进入 21 世纪后，这种经济增长发挥的边际效应不断减少，宏观经济增长对减贫的作用持续降低，政府传统扶贫方式的效果不断减弱。根据世界银行的统计数据，进入 20 世纪 90 年代后，处于收入分布最弱一层的农村家庭收入增长出现了阶段性的停滞。[1] 进入 21 世纪后，我国贫困人口仍然保持着持续下降的趋势，但下降的趋势相较于以前明显减缓。这说明仅凭市场的力量无法使贫困发生率持续降低。并且，我国宏观经济正面临着自身经济结构转型、外部世界经济持续低迷双重压力。此外，城乡经济的不平衡发展也产生了很多棘手问题，如"流动人口"问题及由此产生的"留守人口问题""乡村治理结构恶化"等。城乡二元结构新产生了大量的脆弱性群体，失地农民和大量的农民工成为社会不稳定的重要因素，留守人口的老龄化和女性化对农村治理的组织动员提出了新挑战。另外，目前剩余的贫困群体的特征为：分布日益分散；极端贫困人口多为特殊弱势群体；脱贫群体脆弱性导致的返贫率

---

[1] 世界银行、东亚及太平洋地区扶贫与经济管理局：《从贫困地区到贫困人群：中国扶贫议程演进》，2009，第 13 页。

高；等等。随着扶贫工作的持续推进，减贫的任务更加复杂和艰巨。第一，贫困人口仍然庞大。按照每天消费低于 1.25 美元的国际标准，计算得出的 2005 年中国贫困人口数为 2.54 亿，在国际上仍排名第二，仅次于印度。第二，易受收入变化波动影响的贫困脆弱性人口还比较普遍。收入波动一方面使已经脱贫的人群返贫，另一方面也继续加剧贫困人口的贫困程度。第三，剩余的贫困人口更为分散，这将削弱扶贫措施的现有优势。第四，经济增长对扶贫的作用开始下降。1981～1985 年经济每增长 1 个百分点，就能使贫困率下降 2% 以上，而在 2001～2005 年已下降到 0.8%，并且下降的趋势仍在继续。这意味着不是每个人都平等地分享到经济增长带来的成果，这种收入上的不平等表现为城乡收入差距和农村内部收入差距扩大。第五，收入不平等日益加剧，社会分化日益明显，环境资源问题凸显，农村以及城乡差距等问题更是受到社会的广泛关注，中国开始面临公平和效率的双重挑战。我国的基尼系数从 1995 年的 0.389 增长到 2006 年的 0.496，近年来也维持在 0.4 左右。根据 2006 年的数据，按人均收入五等分农村居民，高收入组所拥有的收入是低收入组的 7.17 倍，而 2000 年高收入组是低收入组的 6.5 倍。①社会不平等程度的加深一方面会影响高经济增长的可持续性，另一方面也会极大地削弱减贫的效益。

二 新时代与新成就

面对多元的社会背景的新挑战和扶贫工作的复杂性，党中央、国务院把中国的农村扶贫事业提到了一个新的高度。党的十八大以来，以习近平同志为核心的党中央把扶贫开发摆在更加突出的位置，提出了精准

---

① 刘坚：《中国农村减贫研究》，中国财政经济出版社，2009，第 20 页。

扶贫的战略思想，把精准脱贫作为基本方略，开创了扶贫事业新局面，先后出台了《中共中央国务院关于打赢脱贫攻坚战的决定》《"十三五"脱贫攻坚规划》《关于创新机制扎实推进农村扶贫开发工作的意见》。党的十九大明确了脱贫攻坚是决胜全面建成小康社会的三大攻坚战之一。自 2013 年中国政府启动精准脱贫攻坚战以来，农村绝对贫困人口的数量和贫困发生率大幅下降。2013～2017 年我国农村减贫人数分别为 1650万、1232 万、1442 万、1240 万、1289 万，不仅每年减贫人数均在 1000万以上，而且打破了以往新标准实施后脱贫人数逐年递减的格局。5 年来，农村累计减贫 6853 万人，减贫幅度接近 70%，年均减贫 1371 万人，贫困发生率也从 2012 年年末的 10.2% 下降到 2017 年年末的 3.1%，其中有 17 个省份贫困发生率已下降到 3% 以下。[①] 2018 年脱贫攻坚成效显著，年末农村贫困人口 1660 万人，比上年末减少 1386 万人；贫困发生率 1.7%，比上年下降 1.4 个百分点。

　　精准脱贫攻坚战的巨大成就不仅表现为收入性贫困指标的大幅改善，还体现在贫困地区基础设施、教育、卫生以及居民住房等生产、生活环境和公共服务的改善方面。据统计，截至 2017 年年底，贫困地区农村居民居住在钢筋混凝土房或砖混材料房的比例为 58.1%，比 2012年上升 18.9 个百分点；户均住房面积也比 2012 年增加 21.4 平方米；饮水无困难的农户比例为 89.2%，比 2013 年提高了 8.2 个百分点；贫困地区有文化活动室的行政村比例达到 89.2%，有卫生站（室）的行政村比例达到 92.2%，贫困地区通电的自然村接近全覆盖，84.7% 的农户所在自然村上幼儿园便利，88.0% 的农户所在自然村上小学便利。[②]

　　改革开放 40 多年来，我国通过深化改革和大规模的扶贫开发，贫

---

① 《扶贫开发成就举世瞩目 脱贫攻坚取得决定性进展》，人民网，http：//finance. people. com. cn/n1/2018/0903/c1004 - 30268880. html，最后访问日期：2018 年 12 月 6 日。

② 李小云：《扶贫创新模式丰富了中国的扶贫实践》，《中国扶贫》2019 年第 9 期。

困人口大幅减少，也为全球减贫做出了巨大贡献。一是对全球减贫的贡
献率超70%。按照世界银行每人每天1.9美元的国际贫困标准及世界银
行发布的数据，我国贫困人口从1981年年末的8.78亿人减少到2013年
年末的2511万人，累计减少8.53亿人，减贫人口占全球减贫总规模超
7成；中国贫困发生率从1981年年末的88.3%下降至2013年年末的
1.9%，累计下降了86.4个百分点，年均下降2.7个百分点，同期全球
贫困发生率从42.3%下降到10.9%，累计下降31.4个百分点，年均下
降1.0个百分点。[①] 我国减贫速度明显快于全球，贫困发生率也大大低
于全球平均水平。中国也成为全球最早实现联合国千年发展目标中减贫
目标的发展中国家，为全球减贫事业做出了重大贡献。二是为全球减贫
提供了中国经验。改革开放40多年来，我国以政府为主导的有计划有
组织的扶贫开发，尤其是党的十八大以来精准脱贫方略的实施，为全球
减贫提供了中国方案和中国经验。世界银行2018年发布的《中国系统
性国别诊断》报告称，"中国在快速经济增长和减少贫困方面取得了
'史无前例的成就'"。联合国秘书长古特雷斯在"2017减贫与发展高层
论坛"中发贺信盛赞中国减贫方略，称"精准减贫方略是帮助最贫困人
口、实现2030年可持续发展议程宏伟目标的唯一途径。"[②]

　　新时期的扶贫工作能在相对不利于减贫的社会经济条件下依然取得
几乎与改革开放之初相当的成就的主要原因在于中国农村扶贫将中国的
经济社会发展与减贫在制度层面进行了整合，在一系列扶贫方式上进行
了创新，将瞄准到施策再到评估整合为一个系统，形成了迄今为止最为

---

① 《改革开放40年：我国农村贫困人口减少7.4亿人》，人民网，http://finance.people.
com.cn/n1/2018/0904/c1004-30271476.html，最后访问日期：2019年6月7日。
② 《扶贫开发成就举世瞩目 脱贫攻坚取得决定性进展》，人民网，http://finance.peo-
ple.com.cn/n1/2018/0903/c1004-30268880.html，最后访问日期：2018年12月6日。

系统的科学减贫战略和政策框架，从而构成了中国扶贫的新实践体系。①
因此，中国农村扶贫方案是我国公共行政的治理范式的典型，研究该治
理模式中的整合逻辑及其内部的运行机制对构建我国现代化的国家治理
体系具有重要意义。归纳中国的扶贫模式也可以为其他发展中国家的减
贫事业提供借鉴。

表1-1　按现行农村贫困标准衡量的农村贫困状况

年份	当年价贫困标准 （元/年·人）	贫困发生率 （%）	贫困人口规模 （万人）
1978	366	97.5	77039
1980	403	96.2	76542
1985	482	78.3	66101
1990	807	73.5	65849
1995	1511	60.5	55463
2000	1528	49.8	46224
2005	1742	30.2	28662
2010	2300	17.2	16567
2011	2536	12.7	12238
2012	2625	10.2	9899
2013	2736	8.5	8249
2014	2800	7.2	7017
2015	2855	5.7	5575
2016	2952	4.5	4335
2017	2952	3.1	3046
2018	3200	1.7	1660

数据来源：国家统计局农村住户调查和居民收支与生活状况调查。其中，2010年以前数据
是根据历年全国农村住户调查数据、农村物价和人口变化，按现行贫困标准测算取得。参见国
家统计局网站，http://www.stats.gov.cn/ztjc/ztfx/ggkf40n/201809/t20180903_1620407.html，2019年4月3日

---

① 李小云：《扶贫创新模式丰富了中国的扶贫实践》，《中国扶贫》2019年第9期。

第二节　研究问题——伟大成就的内在治理机制

一　中国扶贫方案的重要特征

开发式扶贫与新时代的精准扶贫的共同特点是在政府主导下广泛动员社会主体共同参与扶贫。这一特点是中国政府高度责任感的体现，也是我国政治制度优势的体现。中国政府不但建立了专业的扶贫部门——扶贫办系统，使扶贫成为各级政府和政府部门的绩效考核重要指标，还充分动员市场、社会的力量积极参与。这种政府主导的扶贫模式可以整合包括政府自身在内的各种主体及主体所拥有的资源，实现了对行政机制、市场机制、社会机制等多元机制的协同应用，在对中国农村贫困的治理中表现为一种"整体性"。

政府主导下的广泛动员全社会力量共同参与扶贫开发，是我国扶贫开发事业取得伟大成就的成功经验，是中国特色扶贫开发道路的重要特征。[①] 这一特点也是学界公认的最主要特征。迟福林最早提出："中国的反贫困治理结构具有实现社会经济发展和消除贫困的双重目标，反贫困主体运用权力和手段对社会经济资源实行支配、协调、控制、管辖。用法治原则规定政府、各种社会组织及贫困人口自身的权、责、利关系，由此形成反贫困目标和战略、组织管理体系、政策和制度规范及行为模式的有机整体。它尤其突出贫困农户的高度参与、决策的透明度和法制化。"[②] 匡远配也认为中国的开发式扶贫形成了独特的扶贫机制：是一种

---

① 参见国务院办公厅印发的《关于进一步动员社会各方面力量参与扶贫开发的意见》。
② 中国（海南）改革发展研究院：《中国反贫困治理结构》，中国经济出版社，1998，第46页。

政府主导型的扶贫开发机制，是政府主导、多部门参与、多层次联动的全社会扶贫的资源动员机制。① 虽然学界对"政府主导下的多元主体参与扶贫"这一特征已有共识，但是这一典型特征背后也存在两方面争议。

一些学者认为政府主导下的行政机制在扶贫中发挥的作用过多，导致瞄准率不高、资金渗漏、贪污挪用等问题，提出政府要在更深的层面让社会组织和企业参与扶贫以整合彼此的优势。陕立勤认为实践中长期实行的政府主导型扶贫模式受到政府失灵的困扰，扶贫资源难以有效地到达贫困户。鉴于 NGO 对扶贫资源的使用效率优势，建议改变政府主导的模式，形成和 NGO 平等合作的关系。② 蔡科云从分析现行扶贫体制的局限出发，提出通过政府机制与社会机制的融合来共同治理贫困，他从国家与社会的关系视野提出政府与社会合作的途径是建构"分立、分治、分享"的扶贫合作模式。在国家与社会合作扶贫的模式中要淡化、分散、限制单极化的政府权威，相反，要信任、扶植、建构社会组织的社会扶贫权威。③

另一种观点认为在扶贫中政府仍然要保持行政机制的主导性，防止市场机制及社会机制的失灵，这也是扶贫作为一种特殊的公共物品的内在要求。如张琦从精准扶贫的效果入手，认为现阶段的精准扶贫已经取得了初步成效，政府建档立卡制度顺利实施，精准识别程度大幅提升。政府应充分调动基层干部进行驻村帮扶，强化帮扶项目与资金的精准率。④ 汪三贵提出虽然长期以来政府主导扶贫也带来了效率不高的问

---

① 匡远配：《中国扶贫政策和机制的创新研究综述》，《农业经济问题》2005 年第 8 期。
② 陕立勤：《对我国政府主导型扶贫模式效率的思考》，《开发研究》2009 年第 1 期。
③ 蔡科云：《政府与社会组织合作扶贫的权力模式与推进方式》，《中国行政管理》2014 年第 9 期。
④ 张琦：《通过精准扶贫完成扶贫脱贫任务》，《中国党政干部论坛》2015 年第 12 期。

题，但是由于综合性的因素，我们现在还是更多依靠政府主体。现在还没有那么多的民间机构，还需要时间培养。扶贫仍然需要政府制定政策，提供更多的资源。① 也有学者主张形成一个以政府为主导的多元化协同模式。在这种模式下，政府提供主要资金、调整政策规划、提供法制保障，不再置身于具体的扶贫事务中，充分发挥各组织的优势，各尽其能。②

以上争议的焦点其实在于政府在扶贫中扮演的角色，二者对于多元主体参与扶贫的模式都是支持的，区别在于政府在这个多方参与的网络中所起的作用。有的学者认为，为了避免扶贫资源的浪费，政府应更多地放权给社会和市场，以一种相对平等的身份和社会组织、市场主体展开扶贫合作。有的学者认为，在与社会和市场的多方扶贫合作中，政府应坚持发挥自身的主导作用。那么政府的主导作用及多方参与的扶贫格局，在精准扶贫模式开展以后有何变化？政府在农村扶贫多方参与的模式中究竟应发挥什么作用？中国的这种扶贫治理模式是西方治理模式的照搬还是我们的独创？这些都是本书将要探索的问题。

另外，在中国农村扶贫工作中表现出的"整体性"意味着什么？为什么政府要发挥主导作用？为什么又要动员社会各界力量积极参与？政府又是如何动员这些力量的？探索这些问题的答案，对于总结、完善、推广中国的扶贫经验，从理论上概括改革开放以来中国在公共治理领域中的创新性实践，既是不可或缺的，也是极为重要的。有鉴于此，本书将围绕"整体性"这一核心特征，对中国农村扶贫制度及其运行展开进一步研究。

---

① 汪三贵：《凤凰国际智库访谈录》，http：//pit.ifeng.com/a/20161017/50114169_0.shtml。
② 赵清艳：《论我国农村扶贫主体多元化的逻辑演变》，《北京理工大学学报》（社会科学版）2010 年第 6 期。

二 研究目标

本书的研究对象为中国农村扶贫实践。开发式扶贫是中国扶贫实践的一种，它区别于过去单纯依靠"输血"的救济式扶贫，强调"造血"，通过开发利用贫困地区的资源，并培养穷人自身的发展能力使其通过自身发展脱贫。在实践中有以工代赈、整村推进、劳务输出、移民搬迁、产业扶贫等内容。

本书的研究目标如下。

第一，对中国农村扶贫模式进行深入研究，通过对以云南农村扶贫为代表的典型案例的描述，归纳中国农村扶贫的特征，并在此基础上总结概括这一整合模式的核心特征和表现。

第二，对开发式扶贫整合模式进行理论建构。通过与西方网络化治理和整体性治理中的运行机制进行对比，提出"整体性扶贫"的概念，确立中国"整体性扶贫"的独立性。

三 主要概念的界定

爱因斯坦（Einstein）曾经说过："如果没有界定范畴和一般概念，思考就像是在真空中呼吸，是不可能的。"[1] 对于本书的研究也是如此，如果不能弄清楚整合机制的基本概念，就无法深入探讨这个课题。

（一）开发式扶贫与精准扶贫

开发式扶贫即在国家必要支持下，利用贫困地区的自然资源，进行

---

① 转引自欧阳莹之《复杂系统理论基础》序言，上海科技教育出版社，2002。

开发性生产建设，逐步形成贫困地区和贫困户的自我积累和发展能力，主要依靠自身力量解决温饱问题、脱贫致富。20 世纪 80 年代中期开始，我国的农村扶贫方式就开始逐步地从"输血式"向"造血式"转变。特别是 1986 年扶贫办系统成立，有了专门的组织机构、专项资金和一套正式的制度来开展扶贫工作，这标志着政府的扶贫战略由过去的救济性扶贫向开发性扶贫的转变，即政府的扶贫工作从向贫困人群直接提供物质帮助转向侧重对于贫困地区的发展能力建设、基础设施改善、市场环境发育上来。在 1994 年由国务院发布的《国家八七扶贫攻坚计划》① 中明确要继续坚持开发式扶贫方针，在随后的《中国农村扶贫开发纲要（2001—2010 年）》《中国农村扶贫开发纲要（2011—2020 年）》中仍然明确了要继续坚持开发式扶贫的方针。其中在《中国农村扶贫开发纲要（2001—2010 年）》中还完善了开发式扶贫的内容："以经济建设为中心，引导贫困地区群众在国家必要的帮助和扶持下，以市场为导向，调整经济结构，开发当地资源，发展商品生产，改善生产条件，走出一条符合实际的、有自己特色的发展道路。通过发展生产力，提高贫困农户自我积累、自我发展能力。"在《中国农村扶贫开发纲要（2011—2020 年）》中写道："坚持开发式扶贫方针，实行扶贫开发和农村最低生活保障制度有效衔接。把扶贫开发作为脱贫致富的主要途径，鼓励和帮助有劳动能力的扶贫对象通过自身努力摆脱贫困；把社会保障作为解决温饱问题的基本手段，逐步完善社会保障体系。"

开发式扶贫为所有农户特别是那些有劳动能力和劳动意愿的农户提供了依靠自己主动响应来增加收入的机会。② 因此，开发式扶贫有以下

---

① 这是中国政府发布的第一个正式的开发式扶贫的纲领性文件，并承诺用 20 世纪最后 7 年解决 8000 万贫困人口的温饱问题，即该文件名称的由来。

② 何雪峰：《中国农村反贫困战略中的扶贫政策与社会保障政策》，《武汉大学学报》（哲学社会科学版）2018 年第 5 期。

三个特点：一是开发式扶贫通过开发当地资源、改善生产条件、培育当地产业来促进当地发展；二是以培养提升贫困人群的市场意识、生产技能、外出务工能力等来实现通过其自身的努力脱贫致富；三是开发式扶贫并不包含社会安全网的内容，这也是本书研究对象并不涉及的地方，本书的研究对象为在假设中国农村扶贫有效率的前提下，政府主导下的农村开发式扶贫，不研究农村扶贫中的社会保障问题、瞄准及效率问题，主要关注扶贫治理中政府的整合逻辑。

而精准扶贫的提出背景是党的十八大以来，习近平总书记高度重视扶贫开发，提出了"六个精准"的要求，实施了"五个一批"并重点解决"四个问题"。根据到2020年全面建成小康社会的需要，党中央做出了坚决打赢脱贫攻坚战的决定，将精准扶贫、精准脱贫作为扶贫开发的基本方略。精准扶贫的内涵是瞄准方式的转变，是从以区域为单位的瞄准策略到以贫困户为单位的瞄准策略的改变。在贫困人口分散分布的情况下，以县和村为单元进行扶贫开发必然不能覆盖全部贫困人口，而有限的财力也同时决定了无法采用普惠式的收入转移（即全民社会保障）来实现大规模的综合兜底。因此，要确保所有贫困人口到2020年实现脱贫，就必须将全部贫困人口识别出来进行扶持，不论贫困人口是否在贫困县和贫困村。[①] 由此，我们认为精准扶贫从扶贫的方式来看并不是一个独立的概念，它与开发式扶贫一脉相承。精准扶贫是在新时期对开发式扶贫的延伸和创新，两者并不是相互独立的概念，精准扶贫是中国农村扶贫模式的组成部分和新阶段。

（二）整合模式

整合（integrated），又叫一体化，是指由部分结合而生成具有特定

---

① 汪三贵：《从区域扶贫开发到精准扶贫》，中国网，http://www.china.com.cn/opinion/think/2018-09/28/content_64227538.htm，最后访问日期：2018年12月3日。

功能的有机整体的过程或状态。① 它是一种通过发展共同组织结构、集中专业能力和资源以贯彻和执行协同理念的形式。公共治理中的整合问题多在整体性治理（holistic governance）理论和网络化治理（network governance）理论中讨论，二者中的整合概念是针对新公共管理运动带来的"碎片化""分散化"等问题和公共服务需求的日益"多元化""交叉化"的复杂挑战而提出的新概念。整合的内涵在整体性治理中强调政府部门之间、各级政府之间整体性运作，强调公共服务以公民为中心目标实现跨部门的协作，主张政府管理从分散走向集中、从部分走向整体、从破碎走向整合，使政府部门具备高程度的协调合作能力。②

与整体性治理理论的内涵一致，同样强调多部门参与的还有网络化治理理论。网络化治理也强调在应对公共治理中日益复杂的问题时政府、市场、社会三种机制之间的协作与整合。网络化治理是一种全新的通过公私部门整合，非营利组织等多主体广泛参与提供公共服务的治理模式。③ 根据此定义，网络化治理的出发点是增进公共利益，它主张采用一种制度化的机制动员多元的主体形成网络，通过网络实现科层制、市场与社会的机制相互协作。而如何构建网络及网络中政府、市场、社会多元主体之间的关系仍是研究的重点。

根据以上理论，整合的特征可以归纳为两点：第一，多主体参与并相互协作，整合不局限于政府内部，而强调政府与私营部门之间、政府与第三部门之间跨部门的整合；第二，网络化的组织结构强调参与主体的多元性，并且政府角色、权威都发生了很大变化，通过整合三种主体来实现主体所拥有的资源及科层、市场和社会机制。

---

① 李习彬、李亚：《政府管理创新与系统思维》，北京大学出版社，2002，第52页。
② 高轩：《当代西方协同政府改革及启示》，《理论导刊》2010年第7期，第102~104页。
③ 〔美〕斯蒂芬·戈德史密斯、威廉·D. 埃格斯：《网络化治理——公共部门的新形态》，孙迎春译，北京大学出版社，2008，第5页。

"模式"按照《现代汉语词典》的解释，泛指某种事物的标准形式或使人可以照着做的标准样式。作为术语在不同学科有不同的含义。模式（pattern）其实就是解决某一类问题的方法论。把解决某类问题的方法总结归纳到理论高度，就是模式。① Alexander Osterwalde 给出的经典定义是：每个模式都描述了一个在我们的环境中不断出现的问题，然后描述了该问题的解决方案的核心，一种参照性指导方略。②

结合以上两方面，本书的整合模式可以理解为在多元主体参与的网络化治理结构中实现多元主体相互协作或是跨部门合作的一整套理论性的问题解决方案。该方案的核心就是政府主导下的多元整合。

第三节　研究意义——理论化与独创性

一　理论意义

从目前有关中国农村扶贫的研究文献来看，研究方向主要集中在贫困形成机理与识别及反贫困战略方面，对反贫困具体道路或内部运行机制的研究则相对不足。官方把中国农村扶贫成功的特征概括为：政府主导下，充分动员社会各界力量积极参与。但是对这一模式背后政府的行为方式、所发挥的作用、如何动员社会各界积极参与等问题的研究仍很少见。因此，系统分析政府在农村扶贫中主导作用和动员机制等的特征必然能拓展扶贫理论，深化并提升对扶贫成效机制的认识。

另外，绝大多数中国政府的公共管理实践扎根成长在中国的土地

---

① 参见 http://en.wikipedia.org/wiki/Pattern，最后访问日期：2015年1月22日。
② Alexander Osterwalde：《商业模式新生代》，机械工业出版社，2001。

上，是公共管理者根据当时当地的现实情况和面临的问题开发出来的解决方案，扶贫也不例外。这些实践必然有其独特的优势和针对中国问题的有效性，结合西方公共管理主流理论和成熟经验，将中国的扶贫实践理论化是一个紧迫的任务。党的十九大则将"实现国家治理体系和治理能力现代化"写入党章并明确了实现这一目标的时间表和路线图。这预示着国家治理体系和治理能力现代化已经成为我国"两个一百年"奋斗目标中的重要组成部分。因此，将我国本土公共管理的实践制度化是国家治理体系现代化的必由之路。当下国家治理体系理论虽已初步达到相对稳定的本土化状态，但距离全面成熟还须从内部机制、文化等层面深层次本土化。[①] 本项研究总结了中国公共管理中扶贫领域这一独特治理模式，对推动我国公共管理理论研究的本土化发展有一定意义。

二 现实意义

中国农村的扶贫治理是促进区域协调发展、跨越"中等收入陷阱"的重要途径，也是促进民族团结、边疆稳固的重要保证，是全面建成小康社会的重要内容，是积极响应联合国 2030 年可持续发展议程的重要行动，事关人民福祉，事关党的执政基础和国家长治久安，使命光荣、责任重大。

改革开放以来我国农村扶贫取得了举世瞩目的伟大成就，谱写了人类反贫困历史上的辉煌篇章，中国也成为全球最早实现联合国千年发展目标中减贫目标的发展中国家，为全球减贫事业做出了重大贡献。在脱

---

① 刘鹏：《非均衡治理模式：治理理论的西方流变及中国语境的本土化》，《中国行政管理》2019 年第 1 期。

贫攻坚时期，农村贫困人口日益分散，贫困程度深，致贫因素复杂，返贫现象较为突出，并呈现结构化趋势。2020 年后，我们国家仍然面临着贫困标准提高产生新贫困人群、城乡二元结构、区域发展不均衡等问题。因此，分析归纳取得的成功经验将十分有利于巩固已有扶贫成果并指导未来的扶贫工作。

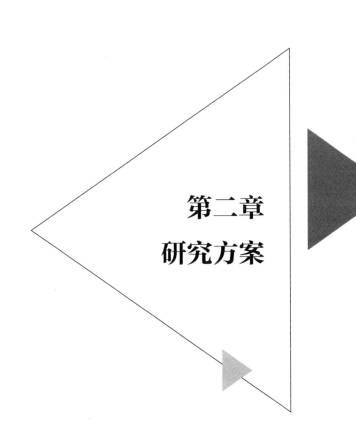

第二章

研究方案

第一节　研究对象及案例选取

一　研究对象

本书关注的核心问题是在中国农村扶贫中多元主体共同参与的背景下，中国政府与这些多元主体间的关系。在中国农村扶贫这种多元化主体的格局中，政府只是平等的一元还是多元中处于中心地位的一极？在这种多元主体参与扶贫治理的背景下，中国政府如何处理政府与新兴多元主体之间的关系？政府所说的"政府主导，社会广泛参与"是如何实现的？本项研究采用"案例研究方法"对上述问题进行实证研究，研究对象为20世纪80年代以来，中国政府在中国农村推行的开发式扶贫创新实践。但是如果以中国整体的情况为调查对象，无论从实力、时间、精力上本项研究都无法支持。只能退而求其次，以典型地区的典型案例作为具体的突破口。因此，本书以"代表性""有效性"为前提，在兼顾方便性的条件下选取云南的开发式扶贫实践作为研究对象。

云南位于中国的西南边陲，虽然有着"彩云之南"的美称，却又是全国贫困人口面积最大、贫困人口最多、贫困程度较深的省份。到2011年年底还有贫困人口1014万人，国定扶贫重点县73个、省定重点县7个。乌蒙山片区、滇桂黔石漠化区、滇西边境山区和藏区4个连片特困地区共 85 个县，占全省 129 个县（市、区）的 66%；以贫困县人口算，贫困县人口 2784 万人，占全省总人口的 63%，① 是我国扶贫开发任务最繁重的主战场。因此，云南的农村扶贫战略十分完整，除了常规的整村推进、劳动力转移培训、产业扶贫、异地扶贫搬迁等专项扶贫外，还有针对特殊困难群体重点帮扶和少数民族扶贫、兴边富民扶贫等特殊工程。从社会扶贫来说，27 家中央国家机关企事业单位在挂钩联系 42 个扶贫开发工作重点县；沪滇合作是东西协作战略中最成功的案例；同时云南也是全国国际组织参与扶贫最多的省份，如世行前后两期的西南扶贫贷款项目，国际小母牛、福特基金会、世界宣明会等在云南都有项目。云南开发式扶贫实践内容的完整、主体的多元都体现了云南作为本项研究研究对象的代表性。从有效性来说，云南省贫困发生率由 2000 年的 29.63% 下降到 2009 年的14.71%；73 个国家扶贫重点县农民人均纯收入由 1100 元提高到 2569 元；贫困县的经济发展方面，人均 GDP 从 2000 年的 2207 元提高到 2009 年的7198 元。这些扶贫的成绩均高于全国扶贫的平均水平。

云南的农村扶贫实践是中国农村扶贫的一部分，但这个局部与整体之间是同构的。中国是一个典型的"单一制"国家，各级政府所面临的政治、经济、社会、文化等方面的基本制度以及基础性政策不存在实质性差异，因此可以通过考察"局部"来认识"整体"，或者说，可以通过对某个地区经验的研究来认识中国的经验。综上所述，云南的农村开发式扶贫实践符合本项研究需要，可以作为研究对象。

二 案例的选取

中国农村扶贫实践始于 20 世纪 80 年代中期，其实施的内容多年来

---

① 数据来源于云南省扶贫办《2011 年云南省扶贫办工作报告》。

一直都在丰富完善，从最早的"救济式扶贫"到"开发式扶贫"再到新时代的"精准扶贫"。本项研究的实地调研开始于2013年，我们没有必要追溯历史，更不可能对中国农村扶贫中的全部案例进行研究。因此，我们必须找到一种科学的选取案例的方法，以保证案例集合能够尽可能全面反映云南农村扶贫的特点。

无论哪个阶段的扶贫实践，其最大的特征都是"政府主导"，都是发生在公共管理领域的政府行为。因此，为了全面、准确地反映云南农村扶贫实践，首先就要了解中国农村扶贫工作的大格局；其次，要掌握云南农村扶贫的典型性实践。据此，本书的案例选择满足两个条件：一是能代表中国农村扶贫开发工作格局；二是能代表云南农村扶贫工作的典型性实践。

（一）中国农村扶贫格局

公共管理是以政府为核心的公共部门整合社会的各种力量，广泛运用政治的、经济的、管理的、法律的方法，强化政府的治理能力，提升政府绩效和公共服务品质，从而实现公共的福祉与公共利益。[①] 因此，首先要弄清楚中国农村扶贫的格局以及这个格局中有哪些主体。

1994年中国农村扶贫第一个纲领性文件——《国家八七扶贫攻坚计划》确立了农村扶贫工作的基本格局，随后在实践中不断完善，通过《中国农村扶贫开发纲要（2001—2010年）》和《中国农村扶贫开发纲要（2011—2020年）》两个纲领性文件形成了具有中国特色的农村扶贫的大格局（如图2-1所示）。

在图2-1中，从下往上可以看出中国的扶贫模式有政府扶贫和广义社会扶贫两部分，在政府扶贫中，纯粹的政府力量是专项扶贫和行业

---

① 张成福、党秀云：《公共管理学》，中国人民大学出版社，2001。

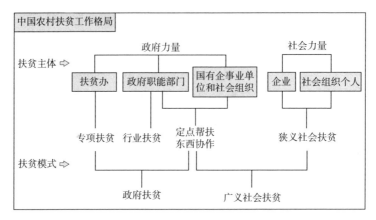

图 2-1　中国农村扶贫工作格局

资料来源：康晓光《新时期社会组织参与扶贫的政策创新》，国务院扶贫办专项课题研究报告，2013。

扶贫；同样，广义的社会扶贫中纯粹的社会力量仅是狭义的社会扶贫，两者交叉的定点帮扶和东西协作都包括政府和社会的力量，是典型的跨部门协同，也是中国农村扶贫中独具特色的地方，这一部分为政府非专职扶贫，政府扶贫办系统的扶贫为专职扶贫。专项扶贫、行业扶贫、社会扶贫构成了我国扶贫"三位一体"的扶贫工作格局。[①] 2013 年度，中共中央办公厅、国务院办公厅印发的《关于创新机制扎实推进农村扶贫开发工作的意见》明确提出要构建政府、市场、社会协同推进的大扶贫格局，在全国范围内整合配置资源，形成扶贫开发的合力。

专项扶贫，包括异地扶贫搬迁、整村推进、以工代赈、产业扶贫、就业促进、革命老区建设等。这部分工作主要由国务院扶贫办系统负责，其工作重点就是"一体两翼"，即以整村推进为主体，产业扶贫和劳动力转移为两翼共同促进农村的发展。行业扶贫指扶贫办系统之外的政府职能部门开展的扶贫工作。由于农村扶贫涉及教育、卫生、社保、

---

①　陈忠言：《中国农村扶贫中的跨部门协同机制分析》，《宁夏社会科学》2014 年第 4 期。

交通等众多领域，因此中央政府要求各职能部门把扶贫作为一项重要内容写进本部门的年度工作计划，将改善贫困地区发展环境和条件作为行业发展规划的重要内容，甚至将扶贫工作也作为部门绩效考核的指标之一。

定点帮扶和东西协作指各类机构或东部发达地区"一对一"帮扶特定的贫困地区，使被帮扶者实现脱贫目标。在这种扶贫模式中，参与主体并没有"法定的"扶贫职责，在其承担的法定政府职责之中并没有扶贫任务。定点帮扶的主体有政府职能部门、国有企事业单位、人民团体、军队和武警等。此外，中央政府还希望鼓励、引导、支持和帮助各类非公有制企业、社会组织承担帮扶任务。在对口帮扶中，发达地区不仅要动用自己的财政资金和人员，往往还会动员自己能够动员的本地企业与社会组织。正是由于这一点，定点帮扶、东西协作整合的资源就不限于参与帮扶的主体，还包括帮扶主体在帮扶过程中作为资源动员者所动员的资源。

以上就是中国农村扶贫工作格局，在实际运行中政府专项扶贫的"一体两翼"是其工作重点。而整村推进又是重中之重，是我国在新的形势下改变以往以县为重点瞄准区域的战略调整，以村为区域单位有利于扶贫资源更为准确地投放，以保障扶贫资源的到村到户。可以说在整村推进的模式中，村是所有扶贫资源和扶贫力量的着力点。通常在一个整村推进的项目中，中央到地方各级政府的财政扶贫资金和各行业部门专项资金都会被整合到项目村，甚至国内的社会组织和国际组织的项目都有可能被整合进去。可见整村推进不但是政府扶贫（专项扶贫和行业扶贫）最具代表性的项目，同时也能体现整体性扶贫跨部门整合这一特征。因此，整村推进的扶贫模式将作为研究政府专职扶贫模式的选择之一。

从广义的社会扶贫的角度看，有定点帮扶、东西协作、社会组织参与三个方面。定点帮扶和东西协作都是中国扶贫格局中独具特色的创新，并且最能代表整体性扶贫特征。而沪滇合作无论从资金规模还是实施效果上都是东西协作中最突出的，因此沪滇合作也是一块重要的内容。社会组织，特别是国际组织对中国减贫功不可没，不但缓解了政府的资金压力，也带来了可供借鉴的减贫模式和管理经验，对中国政府的扶贫创新起到了示范和启发性作用，在一段时间内缓解了资金上的压力。如何整合国际组织及社会力量也是本项研究的重点。因此，整村推进、沪滇合作、国内社会组织这三种扶贫方式也被选定为研究案例。

（二）案例的选取原则

接下来，就是具体案例的选择。第一是具有典型性，案例均是云南农村扶贫实践中创造的"最优秀的"案例，足以反映开发式扶贫中多元主体共同参与的本质特征；第二是具有完整性，案例集合囊括了云南农村扶贫实践中创造的"著名"案例，足以全面反映云南省政府的创新性实践；第三是具有全局性，这些案例涉及全部政府职能，所以从中可以概括出具有全局性的政府行为模式，而不是零碎的、局部的政府行为模式，或者说，可以概括出堪称"中国特色"的东西。如此，我们可以用尽可能少的案例尽可能全面地反映云南农村扶贫实践。

首先是整村推进项目，云南省曲靖市的整乡推进工程又称"866"工程，是中国开发式扶贫在整村推进模式的基础上的典型代表。无论从投入力度还是取得的效果来说在全省都是显著的，得到了国务院扶贫办、云南省委省政府的一致肯定。其既包含了整村推进的一般特点，还具有创新性，这种扩大到乡的范围统筹规划，集合全县力量甚至全市项目的做法，成倍地扩大了整村推进的效果，避免了整村推进因缺少统一规划容易重复建设或是难以形成规模效应的缺点。曲靖市2011年起实施了"千村扶贫、百村整体推进"到村到户的"866"工程。该模式的特点是强调在党委政府的强势动员下，整合省、市、县各级财政资金，各部门行业资金，社会资金，充分发挥定点扶贫的机制，集中人力、物力在短时期使某些贫困面集中的乡镇整体脱贫。该模式实施以来取得了良好的效果，实施该模式的乡镇均实现了 10～15 年的跨越式发展。"866"工程的这种扶贫模式能体现中国农村扶贫的多数特征，特别是政府的强势动员和定点帮扶。在案例的具体选点上选择了待补镇的整乡推进项目。待补镇是实施"866"工程的第二批乡镇，相对于第一批试点来说其工作机制已相对完善和成熟。我们调研时其整乡推进工作基本进入尾声，开始进入新的小城镇建设的阶段。该镇还是省长挂钩联系的扶贫点，受各级政府充分重视，各方面工作也比较到位。虽然说省长挂钩点存在比一般的挂钩点受重视的情况，但这就是定点扶贫最有特色的地方——行政权威的动员优势。领导挂钩是这一模式的普遍特点，其他实施乡镇至少也有厅级以上的干部挂钩联系。所以该案例能充分体现我国政府专职/非专职扶贫的特点。

其次，沪滇合作。沪滇合作是东西扶贫协作的一部分，也是最富成效的典型。作为中国农村扶贫的重要一块，其具体项目多是整合融入当地的脱贫和发展格局。该案例的价值是上海与云南双边政府具体是如何协同合作的，以及云南如何把上海的资源整合进自己的扶贫格局。由于很多项目都是融入当地的扶贫项目中，为了不重复案例，这一部分就以能表现沪滇合作整合特点为原则，在具体案例选择上可能表面上有重复，但重点在于展现开发式扶贫的多元整合的特点。具体来说本文选择了独龙族整族帮扶、光明集团产业扶贫、上海信托金融教育助学三个有代表性的案例。独龙族整族帮扶综合开发项目是一个集全省之力帮助边远少数民族整族发展的案例，也是 2015 年前后沪滇合作资金重点投入的项目。这个案例既能反映整村推进的扶贫模式，又能展现两省资源整合的过程。上海光明集团在云南开发石斛的项目，是企业参与产业扶贫的典型案例，该项目不但展示出双方政府对市场机制的整合方式，也展现了上海与云南政府间、企业与贫困农户间双赢的过程。上海信托的金融教育助学项目更是一个多元整合的典型，一个案例集中了政府、市场、社会组织多个主体，行政机制、市场机制、公益机制共同发挥作用。

最后是社会组织参与扶贫。NGO 作为"第三种力量"参与扶贫能弥补"政府失灵"和"市场失灵"的缺陷，发挥自己效率高、手段灵活、具有创新性等优点。但是，NGO 在资金动员上又显不足，特别是在中国现如今的政治体制和社会结构下要想发挥自己的优势又需要一套独有的逻辑。在国内 NGO 方面，本文选择中国儿基会的"春蕾计划"作为案例，一是因为儿基会作为具有官方背景或者说由全国妇联这样的群众性组织直接领导的公益组织代表了中国目前在扶贫领域的社会组织的共有特点。扶贫、教育、环保等领域，草根组织特别是国际 NGO 通常很难进入，即使有进入的得到政府支持的也非常少。二是"春蕾计划"能展示儿基会如何动员社会资金参与扶贫，儿基会的资金作为引子如何整合当地扶贫项目，能展示出政府如何整合社会机制、社会机制与当地行政机制相互整合的过程。而云南儿基会的项目也能覆盖"春蕾计划"的特点。三是选择"春蕾计划"也因为笔者有幸参与了中国儿基会对"春蕾计划"实施 30 年的评估项目，可以接触到大量的一手和二手资料。在国际 NGO 方面选择的是香港乐施会与云南省扶贫办合作的 CDD 社区项目，该案例既可以反映政府对合作伙伴那种"有意识"的选择逻辑，也能看到社会机制与行政机制相互的弥补，还能体现贫困农户本身作为参与主体的重要性。

第二节　描述框架

为了通过剖析案例展示开发式扶贫实践的特征，首先要建立一个

"描述框架"，该框架也会被用于对开发式扶贫的理论构建的讨论中。

本书关注的核心问题是：在中国从过去单一的国家控制一切政社关系向"多元化"的国家与社会逐渐分离的大背景下，在贫困问题本身的复杂性的需求下，中国政府与多元主体、机制和资源之间的关系，以及在这种关系中扶贫这种公共物品又是怎样提供的。针对这一问题，中国政府在长期的实践和学习中形成了独具中国特色的解决方案。这一方案的本质是政府不但把政府内部所有的资源和人力都动员了起来，还充分整合政府外部的市场与社会的新兴主体、机制和资源。本项研究的最终目的是总结研究中国政府在扶贫这个公共管理领域中的"整合"方案。因此，描述框架的建立需要围绕"整合"这一核心概念，更确切地说是政府、市场、社会三类主体、机制以及资源的"整合"。

关于公共行政以及全部社会治理体系的建构都应把着眼点放在治理主体间的关系上。这就是构想合作治理的出发点。① 同样主体间的相互关系也是治理结构的核心问题。实际上对"整合"的讨论在诸多涉及多方主体合作的理论中都是重点。无论在中国还是在西方，只要存在政府内部部门之间的协作、政府与市场和社会之间的"合作"，那么三部门的主体间就会发生各种互动关系。在这种互动关系中政府该扮演什么角色，"掌舵"还是"划桨"？西方的公共管理无论从实践还是理论对"整合"的讨论都由来已久，如新公共管理运动、多中心理论、治理理论、整体性政府理论。

由于"治理机制"是本书讨论的主要问题，虽然在网络化治理的文献中缺少关于建立整合的具体机制的研究，但在整体性治理理论中对于"整合"有着丰富的研究，因此，本书借用整体性治理理论来完善具体的描述框架。

---

① 张康之：《合作治理是社会治理变革的归宿》，《社会科学研究》2012 年第 3 期。

Perri 6 描述了整体性治理中可以存在的"整合维度",也就是分析"整合"可以发生在哪些主体之间,他归纳了整合发生的维度:政府间的整合、政府内部部门之间的整合、政府外基于伙伴关系的跨部门整合。另外,张康之指出在人类的组织发展史中有三种主要的整合要素:权威、价格和信任。① 可见对整合机制的讨论仍然离不开权威、利益、价值认同。

根据上述文献,第一,在治理结构上可以围绕有哪些参与主体参与治理、整合的维度可以在哪些主体之间发生,参与主体多发挥的作用两大问题展开讨论;第二,在整合机制上应回答如何使参与主体制度化、常规化地协作,如何实现整合后协同的效果并保证效率性这两个问题。

根据上述已有的研究成果所指出的研究方向,并结合开发式扶贫的特点建立本文的描述框架(见表2-1)。

表 2-1　案例描述框架

一级指标	二级指标	涉及的内容
扶贫主体	政府	中央部委定点帮扶与行业扶贫的垂直整合
		贫困地区政府省内的全面整合
		东西协作下发达/贫困地区政府间横向协作
	企业	国有企业:定点帮扶、企业社会责任
		非国有企业:企业社会责任
	社会组织	国内/国际 NGO
参与主体的作用	规则的制定	扶贫政策及项目管理的制定权
	合作对象的选择	合作对象的选择逻辑
	资金构成与使用	扶贫资金的筹集与分配
	项目实施	参与者在项目实施中的角色

---

① 张康之:《论组织整合中的信任》,《河北学刊》2005 年第 1 期。

续表

一级指标	二级指标		涉及的内容
整合维度	政府内部的整合		府际横向合作
			部门之间的横向整合
			不同级别政府间的垂直整合
	政府外部的整合		政府对市场主体、市场资源、市场机制的整合
			政府对社会组织、社会资源、公益机制的整合
整合途径	组织形式		科层制
	整合机制	权威	网络型
		利益满足	党的纲领、政府的行政命令、领导个人权威
		价值观念	以利益诉求为基础的积极合作
			在政治层面表现为国家的扶贫政治意愿；在社会层面表现为扶贫济困文化氛围；主体间的使命契合

　　本书决定借鉴康晓光等在研究杭州城市治理时建立的案例描述框架，[1] 以此为基础结合开发式扶贫的特点建立新的描述框架。

　　接下来，我们以中国农村扶贫实践为基础，阐述在整合维度、扶贫主体、参与主体的作用、整合途径四个维度上，中国农村扶贫实践中政府与其他扶贫参与主体之间可能的相互关系。

　　参与扶贫的主体总地分为政府、市场、社会三类，具体来说政府主体主要涉及中央政府、地方政府的整合两种类型。中央政府的整合主要发生在中央各部委[2]的定点帮扶中。中央各部委的定点帮扶是一个中央部委对口扶持固定的几个国定扶贫县，既可以是整合其系统内管理的资金、项目或系统内的捐款进行扶贫，也可以是由领导出面或以单位名义

---

① 康晓光、许文文：《多元与整合——改革开放时代中国发展方式实证研究》，社会科学文献出版社，2013，第36页。

② 这里的中央各部委包括中央和国家机关各部门各单位、人民团体、参照公务员法管理的事业单位、国有大型骨干企业、国有控股金融机构、国家重点科研院校、军队和武警部队等。

向社会募集捐款或是要求别的主体去本单位定点地区扶贫。其整合的对象主要是自身内部垂直管辖的各级地方部门，由于中央各部委对自己地方的各级部门都有业务指导关系，相互间有良好的信任基础，因此，其整合的项目或是资金多由项目地的厅（局）来托管，有时中央部委下来的项目也可以去整合当地的项目或是成为扶贫办系统整合的对象。除了整合自己系统内的资源，这些主体也可以运用自己的影响力去动员其他政府部门或是企业、社会组织以各种方式参与自身定点地区的扶贫事业。而地方政府的参与具体来说又可以分为两种类型。一种是贫困地区的省内整合，其整合的主体主要是省内的各级政府或是社会、市场的主体。另一种是东部参与东西协作扶贫的发达省份，这一类型也是整合省内的资源去帮助对口省份脱贫发展。这是一种以牺牲自身发展为代价去扶贫的方式，但在扶贫过程中双方可以实现互利互惠的协作式发展。市场主体参与扶贫是以利益的交换为主要目的根据市场机制来运行，或是企业社会责任的实现。国有企业作为一种特殊的市场主体，不但自身是定点帮扶的主体之一，同时也是被政府整合的主要对象。社会主体则包括社会组织、国际组织、学校、个人、研究机构等。

"参与主体间的关系"是指以上主体在具体的扶贫实践中所发挥的作用与扮演的角色。本书从扶贫规则的制定、合作对象的选择、扶贫资金的筹集和分配、项目具体的实施四个方面来衡量参与主体之间的关系。具体来看，扶贫规则主要衡量主体在扶贫宏观政策的制定、项目具体的设计规划、管理规则方面所发挥的作用；合作对象的选择主要是指政府是根据什么样的标准来选择被整合的主体，尤其是社会组织；扶贫资金的筹集和分配关注扶贫资金是按什么样的方式来筹集的，谁又是主要的分配者；在不同项目的实施中，不同主体扮演什么样的角色。

"整合维度"是指"整合"发生在哪些主体、机制、资源之间。首先，在主体上包括多元的主体，例如政府内部府际间的整合、部门之间的整合，政府跨部门整合中有与营利组织、非营利组织、个体的整合。其次，整合的机制主要指行政机制、市场机制、非营利机制。由于主体、资源、机制三者之间存在稳定的对应关系，如市场主体企业必然是按照市场机制来运行，相应地也掌握着市场的资源，所以实现了对主体的整合也就实现了对主体所掌握的机制和资源的整合，包括政府所掌握的资源、营利组织所掌握的资源、非营利组织所掌握的资源以及自由的个人手中的资源。政府可以根据实际情况来组合以上主体、机制、资源以实现自己的目的。再次，为了分析在整合发生时政府与其他主体之间的地位及彼此间的关系，还需要从宏观扶贫政策制定，中观协作对象的选择、扶贫资金的筹措与分配，微观具体项目的管理四个维度进一步探讨。一是在宏观层面，观察谁是中国农村扶贫中这套多元整合格局的推动者，谁制定了这套多元整合的政策，谁可以决定什么样的主体及该主体以什么样的方式参与中国的扶贫大格局，选择的标准是什么，即协作对象的选择标准由谁决定，如何决定。二是在中观层面，当完成了扶贫大格局的建立之后就是运行的问题。而在这一层面最关键的就是扶贫资金的筹集与分配。这涉及谁来筹集扶贫的资金，这些筹集来的资金的构成情况；这些筹集来的资金由谁来分配使用，具体分配的规则是什么样的；等等问题。三是在微观的项目具体运行层面，主要的环节是项目由谁来规划、怎么选择项目的投放地点和投放方式、谁具体负责项目的实施、谁在项目的实施过程中监督和验收。

　　整合的途径是指把多元主体相互联系起来，实现制度性地、常规性地发挥协同效果的依赖因素。根据韦伯的社会支配理论，利害关系和权威是两种理想的支配类型。利害关系即市场支配中的经济利益关系，是众多市场主体连接的基础，但这种支配类型并不十分稳固。而权威则是狭义上支配的全部，支配意味着权力的强制，而权威的合法性则是权力运行持久有效的保障。简单地说这种合法性就是支配者行使命令权力的内在依据。合法性在理论上来自对传统习惯的认同、基础情感或价值理性的信仰、成文规定。具体到中国农村扶贫实践中，权威、利益满足、价值观念就成为政府整合的三种有效的支配力。党和政府的权威所具有的强制力能保证扶贫工作大范围、全面地开展，各级党政"一把手"的个人权威也是激励和督导的重要依靠；利益的满足可以吸引更多主体特别是企业参与扶贫事业；价值观念在政府层面表现为扶贫的政治意愿，党和政府"两步走"的发展战略和"共同富裕"的政治理想要求其主观上把扶贫作为一项重要的公共职责，组织共同的目标、使命的契合成为社会组织积极参与政府整合的根本动力，中华民族扶贫救济的文化传统和理念使扶贫事业可以最大限度地得到全社会的认可和支持。

有了以上这些把多元主体联结在一起的"黏合剂"还不够，还得有一套组织结构支持这种支配，如果说"黏合剂"是"软件"，那么合适的组织结构则是必要的"硬件"。在现代社会中，官僚制（科层制）是基本的社会管理模式，官僚制支配广泛存在于社会的政治、经济领域。官僚制追求行为的效率性和结果的可预见性，这就必须建立在合法的权威基础之上，法定的行政权威才能消除组织的无序和混乱，不掺杂个人因素。另外，要整合不同类型的主体还必须有网络化的具有包容性的、灵活机动的组织结构。

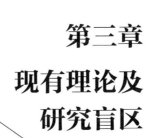

第三章

现有理论及
研究盲区

第一节　网络化治理与整体性治理中的整合逻辑

一　网络化治理视角下的整合

一方面基于中国农村扶贫呈现的政府主导下对多部门、多主体以及多种机制整合的特征；另一方面我们研究的问题是这种特征下政府如何实现对多元参与主体，行政机制、市场机制、社会机制的协调与整合。这与网络化治理的理论视角极为相似，网络化治理主张政府、市场和社会一起作为多元的治理主体，在制度化的治理结构中为实现某种公共利益而共同行动。因此我们首先从网络化治理的相关研究文献入手来概括出适用本文的理论分析重点。

治理（governance）一词有着悠久的历史。杰索普研究认为英语中governance 可以追溯到古拉丁语和古希腊语中的"掌舵"一词，原意主要指控制、指导或操纵，其含义与 government 交叉。① 目前 government主要指国家在主权和领土范围内对权力的运用模式，而 governance 则是指运用公共和私人行动者组成的网络来处理具体的问题，不再使用强制性权力。②

---

① 田凯：《治理理论中的政府作用研究：基于国外文献的分析》，《中国行政管理》2016年第 12 期。

② Matthias Lievens，"From Government to Governance：A Symbolic Mutation and Its Repercussions for Democracy"，*Political Studies*，2015（63）.

治理理论中的网络化治理是作为一种政府治理的新形态兴起的。治理理论最早由世界银行提出，世界银行认为在对发展中国家的援助中，援助项目失败的主要原因是国家整合与执行能力的不足进而导致治理危机。所以以世界银行为代表的国际援助机构在对治理的定义中都强调治理是运用行政权威来整合政府能力的过程。如："治理是政府为了推进发展而在管理一国经济和社会资源中运用权威的过程及承担相应职能的能力"，或是"行使经济、政治和行政的权威来管理一国所有层次上的事务。它包括机制、过程和制度"①，"公共权威在管理社会、经济运行中的运用和控制"。而网络化治理则是围绕采取何种组织形式来进行治理出现的，与之类似的有全球治理、多层级治理、多中心治理等概念。

政策网络分为以英国和美国为代表的利益调停流派（Interest Intermediation School）和以德国、荷兰等国家为代表的治理流派（Governance School）。利益调停流派代表学者有罗维（Lowi）、赫克洛（Heclo）、罗兹（Rhodes）、马什（Marsh）、乔丹（Jordan）等。这一流派的主要观点是通过分析部门与次级部门的差异、公私行动者在国家与社会中的角色来描述多元主体在政策实施过程中的互动情形。利益调停流派更加注重在政策领域研究网络。治理流派主要以德国、荷兰学者为代表，包括迈因茨（Mayntz）、凯尼斯（Kenis）、施奈德（Schneider）、克利金（Klijn）和基克特（Kickert）等人。他们视政策网络为一种特殊的国家治理形态，即把政策网络作为和官僚制、市场并列的治理形式，是当政治资源广泛分布在公共部门与私人部门时的一种政治资源动员机制。②该学派则更侧重将网络置于公共管理领域来研究。总体而言政策网络视

---

① 世界银行：《1997 世界银行报告——变革世界中的政府》，中国财政经济出版社，1997，第 32 页。

② Tanja Borzel, *Organizing Babylon—On the Different Conceptions of Policy Networks*, 1998, pp. 254–264.

角下网络化治理可理解为一种"与政府、市场相区别又介于二者之间的第三种社会结构形式和治理模式，其参与主体经过对资源的相互依赖和经常性的互动，培养出共同的价值观，形成一套解决问题的方式"。① 其特点体现在三个方面：一是参与主体的多元性，在政策网络中政府不再是唯一的主体，权威或行政命令不再是政策的形成和执行的唯一方式；二是主体之间的相互依赖性，由于网络中的主体都分别掌握着其他主体所需要的资源（资金、技术、信息），因此需要彼此间的互动来达成共同的目标；三是主体间关系的复杂性，基于参与网络的主体对政策合法性的需求，主体间必须形成一种稳定的、相互认可的关系，因此协商、平等、利益满足是复杂网络建立的基础。

在网络化治理的经典著作《网络化治理——公共部门的新形态》中，作者戈德史密斯与埃格斯认为网络化治理是第三方政府、协同政府、数字化革命、公民选择四种可以改变公共部门形态的有影响力的发展趋势的合流。第三方政府代表着高水平的公私合作，包括政府与私人部门的合同、商业化、公司伙伴关系、外包等形式。然而单靠第三方政府的服务外包并不能解决等级制政府所面临的问题，所以协同政府应运而生，协同政府解决了不同层级政府和不同部门政府间相互协调的问题，可以对组织网络进行有效率的管理。数字化革命从技术上实现了将复杂的系统组织起来，同时随着时代的发展公民对公共服务的需求也日益多元化、复杂化，要求政府以更加多元的方式灵活地提供公共服务。而网络化治理集成了第三方政府高水平的公私合作特性与协同政府对网络高效的管理能力，通过数字技术将组织网络衔接起来，以实现对公私资源的整合、对公共服务提供路径的优化，从而满足现代公民多

---

① 孙柏瑛、李卓青：《政策网络治理——公共治理的新途径》，《中国行政管理》2008 年第 5 期。

元化的公共服务需求。

网络化治理最核心的任务是"集成"或是"整合"，即将不同的主体"集成"到一起，共同参与公共事务的治理。斯蒂芬·戈德史密斯等认为可以根据"谁负责集成工作"这一维度将支持网络化治理的网络组织分为三类：政府作为集成商——政府负责主体和资源的集成；承包商作为集成商——根据要处理的公共事务，政府将"集成"工作交与网络组织中的某个主体负责；独立的第三方作为集成商——政府将"集成"工作交给独立的第三方负责，第三方不参与公共事务，仅负责集成。① 他们认为政府在网络化治理过程中应该发挥的功能包括：（1）政府应该永远保留政策制定的垄断权力；（2）政府官员或政治家是网络唯一的激活者，政府可以设计网络，政府有权通过补贴或合同的形式提供资金，吸引潜在参与者的注意力，鼓励多元行动者形成网络，政府可以利用人力资源或技术资源激活一个网络所需要的各种资源；（3）政府权威是形成网络的一种重要资源，政府可以有效利用召集不同行动者的权力，围绕重要的公共事务，为组织和个人提供合作机会，促使通过协商达成共识。② 在网络化时代，政府应该发展一系列新的核心能力，尤其是构思网络、设计网络和促进网络各方面的沟通和知识共享的能力。

陈胜勇等将网络化治理定义为：网络化治理是一种与官僚制和市场化相对的治理机制，主张政府、市场和市民社会的多元参与者在一个制度化的网络结构中互动，并为实现公共价值展开联合行动。③ 这个定义

---

① 〔美〕斯蒂芬·戈德史密斯、威廉·D. 埃格斯：《网络化治理——公共部门的新形态》，孙迎春译，北京大学出版社，2008，第 26~45 页。
② 田凯：《治理理论中的政府作用研究：基于国外文献的分析》，《中国行政管理》2016年第 12 期。
③ 陈胜勇、于兰兰：《网络化治理：一种新的公共治理模式》，《政治学研究》2012 年第 2 期。

展现了网络化治理的如下特征：参与主体是多元的，包括政府、市场主体、社会组织、公民等，政府不再是公共治理的唯一主体，通过分权、共享与其他主体一起来提供公共服务和分担责任；多主体的参与是以实现公共价值为目标而组成网络，且参与主体间的关系不再是科层制下的等级制，而是相互平等但又相互依赖的。在整体性治理中政府的角色也不再是"大包大揽"，从公共服务的直接提供者成为公共价值的促成者与推动者，主要集中于提供一种制度和法律上的保障来完成网络的集成。当然这种集成工作既可以由政府从上而下地完成，也可以由专门的集成商或网络中的某个主体来完成。田星亮认为网络化治理的标志就是对伙伴关系的依赖，政府能够平衡与非政府组织、私营主体间的种类繁多的创新性的关系以提高公共价值。而政府是这种伙伴关系中的"核心"，宏观上要引导社会治理结构的变革，促进多元主体间合作治理模式的形成，微观上在治理过程中要发挥"元治理"（meta governance）的作用，运用权力关系去引导、控制、规范和协调多元主体间的相互关系来实现公共利益。①

凯科特（Kickert）等认为研究治理问题的核心问题是对于治理机制（mechanisms of governance）和治理结构的建构，即公共治理的目标如何通过制度化的安排来实现。他认为应该从三个方面来考虑网络化治理机制，即工具、互动、制度。工具强调通过沟通、契约、利益等实现共识的达成；互动指网络中行动者上下之间的互动，认为行动者之间的关系的建立是基于影响力的运用而不是强力控制；制度是三者中最为重要的，强调如何组织网络实现多重目标的达成。② 澳门学者鄞益奋通过对西方公共管理中网络治理文献的梳理也认为治理结构与治理机制是网络

---

① 田星亮：《论网络化治理的主体及其相互关系》，《学术界》2011 年第 2 期。

② Walter J. M. Kickert, Erik - Hans Klijn（eds.）, *Managing Complex Network*, Thousand Oaks：Sage Publications, 1997.

化治理研究的中心问题，他提出网络化的治理结构是一种区别于传统科层制和市场的治理模式，网络有着自己的组织系统、共同的价值追求，其组织结构既不同于科层制下的命令与强制，也不同于市场中自由主义下的个体。信任、协调、动员与诱导是网络化治理的机制。①

孙柏瑛、李卓青提出政策网络下多元主体围绕某个政策议题通过相互对话、协商等手段形成的集体行动形成了一种横纵相连的组织网络和一种相互依赖、互利合作的机制与组织结构。这种治理结构不同于科层制与市场，不基于正式的权威关系、命令，不是等级链条上的一部分，不是完全的个体自由化的行动，是一种以共同的价值作为链接中介、依赖社会资本交换的治理结构。信任、协调、学习机制等组成的一套治理机制是政策网络有效运行的基础。② 彭正银也认为，网络治理机制由互动机制与整合机制构成，其中互动机制包含信任与协调。③

陈振明提出了治理理论的三种研究途径：政府管理、市民社会、合作网络。其中合作网络途径可以认为是在网络化治理框架下对政府管理与市民社会途径的整合。④ 其研究生谭莉莉在其硕士学位论文中提出网络化治理机制由互动与整合两大部分构成，互动进一步分为适应、信任、协调、整合、维护五种机制，其中协调与整合是核心。协调具体分为政府内协调和政府外协调，政府内部的协调主要涉及政府内部权力的调整和授权，中央与地方政府、上级与下级政府之间的权力分配是影响政府间关系的重点，通过委托、授权等方式实现资源更好地配置、提升组织的绩效。政府外的协调则通过信息的过滤和非命令式的斡旋方式解决冲

---

① 鄞益奋：《网络治理：公共管理的新框架》，《公共管理学报》2007 年第 1 期。
② 孙柏瑛、李卓青：《政策网络治理——公共治理的新途径》，《中国行政管理》2008 年第 5 期。
③ 彭正银：《网络治理理论探析》，《中国软科学》2002 年第 3 期。
④ 陈振明：《公共管理学——一种不同于传统行政学的研究途径》，中国人民大学出版社，2003，第 68 页。

突。整合在网络治理中最为重要，其目标为通过整合弥补政府在公共治理中自身资源和能力的不足。整合的对象有资源、权力、组织。①

二　整体性治理视角下的整合

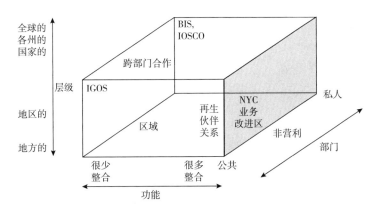

图 3-1　政府跨部门协同的运行维度

资料来源：Perri 6, *Towards Holistic Governance*：*The New Agenda*，New York：Palgrave，2002，p. 29.

整体性治理（holistic governance）是在反思和弥补新公共管理导致的部门化、碎片化的基础上形成的一种全新治理范式，整体性治理追求的目标是"通过制度化的途径实现全面整合"。因此，与本项研究相同，"整合"同样是整体性治理的核心概念。整体性治理理论认为通过全面的整合可以解决新公共管理改革浪潮中产生的一系列问题，提高公共物品的供给效率。相较于"理论"这一定位，整体性治理更多是西方各国政府的改革实践的总结。在此意义上作为理论对话对象，整体性治理理论与作为中国政府公共行政实践典范的扶贫治理具有可比性。

---

①　谭莉莉：《网络治理的特征与机制》，厦门大学硕士学位论文，2006。

Perri 6 在 1997 年首次提出了整体性政府（holistic government）的概念，并不断深化发展这一概念，1999 年在《圆桌中的治理：整体性政府的策略》中提出了建构整体性政府的可行性策略，通过部门间的沟通实现行动的一致性。在此书中，希克斯等人认为贫乏的协调是造成新公共管理的政策执行的浪费和政策不连贯的主因，指出整体性政府的提出与困扰公民的联合性的问题以及过度的功能分工而导致的碎片化治理有关，并借此提出整合的途径和方法，剖析了潜在障碍、执行资源和发动的策略等。2002 年在《迈向整体性治理》中，整体性治理的概念正式出现，即通过对整体性治理的运行阶段、组织间信任关系、电子化政府、制度化以及协调等方面深层次的探讨，强调政府机构组织间通过充分沟通与合作，达成有效协调与整合，彼此的政策目标连续一致，政策执行手段相互强化，达到合作无间的目标的治理行动。在对整体性治理的讨论中，Perri 6 描述了整体性治理中可以存在的"整合维度"，也就是分析"整合"或"合作"可以发生在哪些主体之间，归纳了跨部门协同的三个整合维度（参见图 3 - 1）。一是政府组织间的整合，如不同级别政府间的整合（中央和地方政府之间、同级政府之间的整合）。二是政府部门之间的整合，包括政府各职能部门内部的横向整合（比如政府职能部门基于某一综合性项目相互之间的协作）。三是基于伙伴关系跨部门合作的整合，如公共部门和第三部门以合同或是补贴形式的合作，或者直接购买私营部门的服务。同时，在整合组织内部的协调和实践、信息系统、问责、财务等方面对整体性治理进行分析，其中整合组织内部的协调和实践回答了可以通过哪些方式实现各主体之间的有效协作的问题。

挪威学者 Christensen 和 Lægreid 在整体性政府理论架构下提出了两种不同的整合结构：等级式和协商式。等级式即通过强化中央的权威，采取自上而下的方式推动整体性政府的改革，例如组建新的内阁部委委员会或者联合小组等以加强政府部门之间的合作；协商式则强调以"协商而非等级命令"的方式来取得部门之间或组织之间的协调一致。①

　　跨部门合作中的"巧匠理论"② 关注的重点是"地方政府公共服务提供的跨部门合作，目的是寻找一种更为系统的分析透镜，用以分析和解释一些具有整合性、目的性和创造性的管理现象"③。在"巧匠理论"中，跨部门协同是一个非常宽广的概念，被界定为"两个或两个以上的机构从事的任何共同活动，通过一起工作而非独立行事来增加公共价值"。可见，跨部门协同中的"整合"范围包含了本项研究中的"整合"范围。对于本项研究来说，"巧匠理论"提供了一个极具参考价值的"分析和解释具有整合性管理现象"的"分析透镜"。这一"分析透镜"讨论的问题包括"合作创造价值""运作体系""跨部门合作如何获取资源""跨部门合作如何'掌舵'"以及"共同解决问题的文化"。

三　对以上文献的评述

　　与中国的开发式扶贫产生的背景相似，日益复杂的社会也强迫着西方政府的公共官员们不断地开发各种新的治理模式，④ 网络化治理与整体性治理就是两种最新的治理模式，其特征是超越垂直型官僚制公共管理机构的界限，为公共事务的治理构建一个灵活的网络。网络化治理理论中对于整合的研究主要集中在两个方面。一是治理主体的多元性，政

① Tom Christensen and Per Lægreid, "The Whole - of - Government Approach to Public Sector Reform", *Public Administration Review*, 2007, Vol. 67, No. 6, pp. 1059 - 1066.
② "巧匠理论"是《跨部门合作——管理"巧匠"的理论与实践》一书中构建的理论。
③ 周志忍：《整体政府与跨部门协同——〈公共管理经典与前沿译丛〉首发系列序》，《中国行政管理》2008 年第 9 期。
④ 〔美〕H. 乔治·弗雷德里克森：《公共行政的精神》，中国人民大学出版社，2013。

府不再是公共治理中唯一的主体，准政府组织、企业、社会组织甚至个人都是参与者。二是网络化治理中主体间的关系，这种伙伴关系是政府与政府间权力及资源的配置关系、政府利用市场主体提供公共服务相互利益满足的关系、政府与社会主体间对共同价值理念追求的关系。因此这种结构跳出了政策网络下国家与社会关系的研究视角，是既不同于科层制也不同于市场的结构。从科层制来说，权威与行政强制是其运行的核心，在科层制的体系中组织的建构是垂直化的点对点的建构，法律与规定、行政命令是冲突解决的主要方式；从市场的角度来说，市场中的主体是以原子式的个体平等独立存在，可以完全自主地形成自己的决策，彼此间通过价格机制形成即时性的多点到多点的交换关系，平等、自由、效率是其追求的价值；在网络的结构中主体是一种基于对共同价值的认同，以实现公共价值为目的，基于主体间掌握的资源依赖而形成的自我组织的结构，它的运行不依赖科层制的权威和市场中的价格，组织的边界相对柔化可相互渗透便于互联。至此，可以认为在网络化治理中实现了科层、市场、网络三者间的相互修补和增强；强制、利益、价值认同在整合时都发挥着各自的作用。

在整体性治理中，对主体间掌握的稀缺资源的依赖和不同机制优势的互补是整合发生的重要原因，从主观因素来说网络中主体间需求的多元性和对稀缺资源的依赖要求整合，网络中多元化的参与主体虽然因为共同的目标形成网络相互协作，但不同的主体或是同一性质的主体的不同组织都有着自身的需求和目标，这种差异则容易产生"碎片化"治理。而整合的本质正是借助某种外力使这种不协调的状态达到和谐。从客观因素上看，任务的复杂性与网络运行的有效性要求整合，公民对公共服务需求的多元化和治理问题的复杂化的客观要求是形成网络化治理结构的重要原因，协作的目的除了对其他主体资源的依赖还有弥补自身机制的不足。只有通过整合才能实现单一局部或是个体简单加和所不具有的整体涌现性。即整合不但要克服集体行动的障碍，还要产生"1 + 1 大于 2"的效果。归纳起来，整体性治理的研究主题有两个：第一，整合或是协作可以在哪些维度之间发生，即整合的范围；第二，整合发生的必要性。而对于实现整合的途径则未形成共识。

综上，整体性治理、网络化治理中围绕"整合"讨论的重点问题可以归纳为三大部分：第一，整合可以发生在哪些主体之间，包括整体性治理中的整合维度以及网络化治理中的合作伙伴的选择；第二，如何实现"整合"，也就是说由谁，应采用何种组织结构、何种整合机制实现"整合"；第三，实现"整合"后如何保证主体之间的有效协作，包括目标如何统一、财务如何管理、绩效如何测量以及决策权如何分配等管理问题。

第二节　国际组织扶贫方案的整合逻辑

一　世界银行和 UNDP 的"整合方案"

本书的研究对象是中国农村扶贫实践，对扶贫理论的研究避不开与以世界银行为代表的国际组织相关的扶贫理论。世界银行是最早在扶贫中提出贫困是一个涉及多方面的综合问题的，早在 20 世纪 90 年代它就在提出了治理的概念，并在多中心治理的视角下为广大的发展中国家提供了一套多方参与的减贫方案。它的报告中多处强调，政府是解决贫困最主要的力量，并鼓励私营部门、非政府组织、贫困群体参与减贫的各项工作。中国的减贫实践在很大程度上也深受其影响。

（一）世界银行的减贫方案中的"整合"思路

世界银行作为国际上最具影响力的国际组织之一，多年来一直致力于发展中国家的社会事业及农业、农村的发展，对世界减贫事业无论从理论还是实践都做出了巨大的贡献。对于减贫的研究最有典型性的著作有《1990 年世界发展报告——贫困问题·社会发展指标》《2000/2001年世界发展报告——与贫困作斗争》《2004 年世界发展报告——让服务惠及穷人》。在 2001 和 2009 年还分别针对中国减贫的经验和存在的问题做了深入的研究，出了两本国别报告《中国战胜农村贫困》《从贫困地区到贫困人群：中国扶贫议程的演进》。

聚焦"善治"的研究类型契合了世界银行所倡导的治理模式。世界银行一直以来都坚持世界上所有"客户"需要积极鼓励竞争、引入市场机制、国有企业私有化、预算管理规范化、政府去中心化、充分发挥非政府组织作用、扶持社会组织、促进善治等，为了实现这些诉求，世界银行还开发了"腐败控制""言论与问责""法治""政府效能""政治稳定""监管质量"等指标体系。这些诉求无疑与中国当前聚焦"善治"的研究在关键话语体系上是一致的。它们甚至被描述为一个国家走向治理现代化的"必需标准"，在一定程度上成为一种由世界银行推行的"潜意识形态"，有着明显的以"物质援助""搭售"意识形态传播的属性。① 福山曾指出现有的治理过于关注国家是否采用了某些特定的方式，如是否符合西方主流意识形态定义的"民主"，却忽视了国家有没有能力治国理政这个更根本的问题。为了弥补这个缺憾，他建议将"治理"定义为"政府制定和执行规则的能力以及提供服务的能力，与政府是否民主无关"。②

可见在这个减贫框架中世行分别强调了政府与私营部门、社会组织的伙伴关系以及民主的政治体制对减贫的重要性。世行认为"有效的减

---

① 尚虎平：《"治理"的中国诉求及当前国内治理研究的困境》，《学术月刊》2019 年第 5 期。

② Francis Fukuyama, "What Is Governance?" *Governance：An International Journal of Policy, Administration and Institutions*, Vol. 26, No. 3（July 2013），pp. 347 – 368.

贫是政府机构的责任心和负责态度的产物"。① 一个好的公共管理决定着政策执行的有效性、为穷人提供服务的质量。一个好的公共管理政府要理顺公共部门的功能结构和组织结构，要把资源优先放在具有较强减贫效果的事项上。公共管理要规范权力的范围，即做到"掌舵"，具体提供服务的工作则交给私营部门。好的激励机制能使训练有素的职业官僚提高工作效率，这样既可以抑制腐败也可以加强和穷人间的沟通。另外还需要穷人组织起来形成联盟。联盟的形成要求穷人能参与关系自身利益的活动，这就涉及另一个重要方面——政治制度和社会结构。世界银行认为"民主虽然不是解决贫困的唯一的方式，但是最有效的。可分享的政治程序能够帮助建立一个政治的、社会的和经济的美好制度基础，它能使穷人的声音进入政治程序，并在决定结果时相互影响"。② 正如阿马蒂亚·森所说，民主是如同抗议的自由一样的人民福利的内在价值。政治自由对于公民的生活和实际能力具有巨大的影响。③ 虽然民主是一个好东西，但是民主本身并不能保证把减贫列为首要的政治选择，这还取决于政治文化和意识形态。民主的重要内容就是代议制，公民特别是穷人的利益能借此得到表达，但最后又是不同的利益团体相互博弈的结果。穷人要形成一个更具实力的团体或是得到其他团体的支持，这就涉及社会结构——市民社会的领域。一个成熟的社会往往能有利于穷人联盟的建立和形成有力的非政府组织，在许多发展中国家，非政府组织在反贫困政策和项目中都处于核心地位。这些非政府组织的成员不同的社会和教育背景使得他们能对国家机构的官员产生影响，

---

① 世界银行：《2000/2001 年世界发展报告——与贫困作斗争》，中国财政经济出版社，2001，第 101 页。

② 世界银行：《2000/2001 年世界发展报告——与贫困作斗争》，中国财政经济出版社，2001，第 131 页。

③ 〔印〕阿马蒂亚·森：《正义的理念》，中国人民大学出版社，2002，第 77 页。

使这些民间组织能够与国家机构建立联系，使社会其他团体更加关心贫困问题。在很多技术性服务上非政府组织通常比政府能提供更有效的服务。另外，一个有组织的社区可以和当地政府建立合作，帮助政府更好地实现管理，减少当地精英对扶贫资源的掠夺。从以上论述可以看出，在世行的减贫理论中民主制和一个成熟的社会是减贫的重要保障。

世行 2004 年的报告则以如何向穷人提供有效的公共服务为主题。在该报告中世行建立了一个服务提供相关主体间的责任框架。此框架既指出了相关主体之间的相互联系，又提供了一份不同情况下服务该由谁、怎样提供的指导方案。在具体的服务提供上世行认为服务提供的主体不应该是单一的政府，根据服务的不同性质应由不同的主体提供服务：如政府内部又分为中央政府和地方政府及公共企业三种形式；市场提供方式也可分为服务外包给私营企业或非政府组织和出售特许经营权；而社会方式既可由社区内部自己组织起来提供服务，也可以由政府购买社会组织的服务。①

世行 2006 年的报告中也专门指出社会力量在减贫中的贡献，"在增加民间社会的参与、民间社会组织替被剥夺权利的公民表达意见、促进透明性和良好治理、提供社区服务方面发挥着重要作用。鼓励借款国政府促进民间社会参与制定扶贫战略，并通过各种机制，包括社区驱动发展贷款项目，促进民间社会组织参与发展"。②

世界银行在 2001 年的报告的一项后续研究中也专门指出了政府在扶贫中与 NGO 合作的重要性。"NGO 在民间社会、国家和市场之间提供

① 世界银行：《2004 年世界发展报告——让服务惠及穷人》，中国财政经济出版社，2004，第 40~62 页。
② 世界银行：《2006 年世界银行报告——公平与发展》，清华大学出版社，2006，第 63~82 页。

重要联系。这些联系对于开展负责的、有效的发展活动来说是关键性的。""那些由准政府和 NGO 合作进行的项目似乎比纯粹由政府进行的项目更有效率。"① "非政府组织和社会团体在提高穷人的自我组织能力和发挥穷人对政府的监督作用中扮演着重要角色。为了有效发挥其作用，需要为非政府组织提供长期的资金援助、媒体支持和自由的发展空间；地方和国家的法律、财政也必须支持他们。"②

（二）UNDP 减贫方案的"整合"思路

UNDP（联合国开发计划署）的一项主要职责是致力于全球的减贫工作，帮助各国倡导变革，为它们提供知识和资源，使其加快在人类发展方面取得进步以实现千年发展目标和减少贫穷。

UNDP 在其报告《反贫困与不平等》中强调了国家能力对减贫的重要性，报告中指出：有效的政治能力，可以调动资源促进发展目标，可以提高福利部门分配资源的效率，并能确保法规得到有效的执行。减贫成功的国家都拥有特定的以经济成长为主和提倡福利的政治体系，并建立和维持一个称职的官僚体系。在促进向贫困人口提供高质量的公共服务上不能集中于善治、管理主义和权力下放的市场增进策略，韦伯式的现代官僚制度的基本框架可能更有效。③

UNDP 还与中国政府积极合作，对中国扶贫机制和存在的问题做了专门研究，该项研究首先提出了中国要建立"多维贫困的概念"。研究认为多维贫困发生于经济社会转型过程中，由公共服务的不足或缺失造成，采用多维贫困的概念不仅能反映是哪些公共服务的缺失，还能反映

---

① 纳拉扬等：《谁倾听我们的声音》，中国人民大学出版社，2001，第 162 页。
② 纳拉扬等：《谁倾听我们的声音》，中国人民大学出版社，2001，第 38、39 页。
③ 中国国际扶贫中心：《国际减贫理论与前沿问题 2012》，中国农业出版社，2012，第 76 页。

贫困的程度。多维贫困的概念不但包含了以人为中心的满足人的基本需求的理念，还包含了人有实现全面小康社会的权利的理念。中国新时期对减贫工作有更高要求。首先，多维贫困不限于以往以收入为基础的经济学视角，还涉及一国行政体系、政治意愿、文化等政治系统。其次，多维贫困也包含对平等的追求。平等不仅指机会平等，还有发展条件的平等、程序的平等以及共同富裕的最终平等。基于此概念也给出了一个测量贫困程度的指标，由于多维贫困涉及经济福利、社会包容和个人能力等指标，一个人的这些指标缺失得越多，其贫困程度就越深。同时也基于中国的条件提出了一个多维贫困的分析框架，包括经济、社会、个人能力三个方面。①

UNDP 也提出了相关的建议，长期战略必须从多维贫困的视角出发，多维视角包括经济发展、社会包容、政治参与、生态环境等各方面。中期战略是要建立城乡一体的组织协调机构；对弱势群体特别是农民工要有更多的关注。短期内的政策要能及时地满足转移性贫困群体的需求，首先要加强现有的城乡之间各服务提供部门之间的联系；其次要强化农业政策对贫困人群的支持。

UNDP 在总结各国不同途径的减贫策略时指出了政府内外部协同的重要性，"政府应当关注不同领域制度或政策相互之间的联系，以及它们在处理具体问题时的协同作用"。"协同开发需要经济与社会政策的共同参与，并得到足够大的权力联盟支持。""对不同部门之间的协同作用的发掘对于减贫和缩减不平等十分重要。但这样的协同关系并非自动生成的。它们需要刻意设计，既包括经济政策也包括社会政策，并需要足够强大的联盟作为后盾，以帮助其实现。"②

---

① UNDP:《中国新发展阶段中的减贫挑战与对策研究》,《联合国开发计划署研究报告》,2013, 第 23、34 页。
② UNDP:《反贫困与不平等》, 中国农业出版社, 2012, 第 21、22 页。

二　对以上国际组织减贫方案的评述

经过对以上国际组织减贫方案的梳理，可以发现这些减贫方案中的一些共同的特点。

第一，减贫的多元性与整体性。它们都认可了贫困的多维度的定义，认为贫困不仅仅是收入/消费的不足，更是政治制度和社会缺乏包容性导致的政治权利、个人能力的缺乏。世行报告指出，贫困不仅指物质的匮乏，还包括低水平的教育和健康。[①] 2000 年的报告扩大了以上概念，认为贫困还包括风险和面临风险时的脆弱性，以及不能表达自身的需求和缺乏影响力。OECD 的减贫报告也指出贫困是一个多维的概念，涉及健康、教育、基础设施、小企业发展和赋权等一系列领域。对贫困认识的深化也使得减贫不再单纯从经济增长入手，而是形成了一个立体的、整体性的减贫方案。[②] 经济增长是减贫的必要非充分条件已形成共识，因此还要从社会安全保障、政治赋权入手。而这三者之间是相辅相成的关系，不但彼此间相互增强，还共同作用于减贫。经济的增长给穷人提供了就业和发展的机会，为社会安全网的建立提供了市场和财政的基础；社会安全网的建立减弱了穷人应对市场、自然风险的脆弱性，一个健康而受过教育的劳动者，将为经济的发展提供生产力；政治意愿和社会对贫困关注的慈善文化，使穷人能参与政治过程和社会活动，从而发出自己的声音。因此，多元概念的贫困治理要求政府内部采取相互协调的经济与社会政策，实现目标与手段的相互增强，做到整体上的协同。另外整体性也体现在减贫主体参与的多元上，政府不但要

---

① 世界银行：《1990 年世界发展报告——贫困问题·社会发展指标》，中国财政经济出版社，1990，第 89 页。

② OECD，*Development Co - Operation Report Ending Poverty*，OECD，2013，p. 67.

使内部各部门政策统一、协同合作，还要让私营部门和社会各界积极参与。世行认为有效的减贫战略要求在这三个方面采取全面的行动，把社会各界——政府、市民社会、私营部门以及穷人自身全部纳入行动议程。①

第二个共同点是对于市场化、民营化的强调。市场对减贫的作用不仅体现在经济发展对收入的提高上，还反映在资源配置的效率和对公共服务的提供上。各种方案都强调，加强对私人投资不仅可以带来就业机会，还增强了市场的活力和竞争力，丰富了公共服务提供的主体和提供方式的选择。世行认为，最为重要的是规范公共管理权利的适度范围，将公共企业和其他公共营运项目私有化。② UNDP 支持私营企业的发展，私营企业对减贫的潜力无穷，可以产生就业机会、财富、技术，并且能把妇女和其他弱势群体整合进经济生活。市场能比政府提供更好的服务基于三个方面：一是由于消费者会购买他们认为最满意的服务，因此市场主体有动力为相应客户提供更好的服务；二是市场能根据自己的意愿对直接和客户接触的一线人员进行管理，因此在面对消费者时有更好的服务态度；三是竞争不断地要求市场主体去创新，这样也能给公共服务提供方式带来新的活力。因此，加强公私合作关系，让第三部门在其更擅长的领域提供如教育、健康等公用服务是方案中的一个共识。

第三个共同点是对于政治意愿、政治制度对减贫作用的强调。上述减贫方案都多次不约而同地提到政治意愿、政治制度对减贫的重要性。如："构建并实现这些变化，需要坚强的政治意愿，如果变革从根本上

① 世界银行：《2000/2001 年世界发展报告——与贫困作斗争》，中国财政经济出版社，2001，第 79 页。
② 世界银行：《2004 年世界发展报告——让服务惠及穷人》，中国财政经济出版社，2004，第 99 页。

触及社会价值观和一些集团的既得利益时就更加如此。各国政府可以采取更多措施来影响公众的讨论，以增强民众对采取有利于穷人的公共行动的认识，从而为采取这些行动谋求政治上的支持。"[1] 世界银行在2001 年的报告中也强调，"要为扶贫行动和穷人的联盟寻求政治上的支持"，运用多种手段形成支持减贫的政治气候。2004 年的报告给出公共服务提供方式的三个指标，第一个指标就是减贫的政治意愿是基于益贫性本身，还是出于获得选宗的目的关系的最后的结果。要对穷人赋权就涉及权利格局的调整，社会安全网的建设必须调整再分配中的支出比例，还有保护穷人在市场分配中的合理收入等。这些都必然涉及对现有利益格局的调整，必然要和既得利益者进行博弈，必然要通过一系列的改革和制度安排才能实现，如果没有一个坚定的减贫为穷人考虑的政治意愿，要实现减贫都是空谈。同时世行还谈到了政治制度和减贫的关系。世行指出："民主虽然不是解决贫困的唯一的方式，但却是最有效的。"[2] 一是推进民主政治可以营造有利于经济增长的稳定环境，它用韩国发展的例子和质量指数说明了这一点。二是民主制政体可以促进对穷人赋权，能更好地让其参与。民主的政治程序鼓励人们参与政治，人们通过发言、投票等政治表达程序而不是暴力来解决冲突。民主给人们政治自由和新闻自由，人们可以自发组织起来采取公共行动；新闻自由可以对各种腐败形成有力的监督。

　　总体来看，上述国际组织的减贫方案都是建立在国外长期的实践经验上，基于多年对世界减贫事业的积累而形成的。应该说，这些方案是具有科学性和应用性的。这些方案不但为世界各国的减贫工作提供了一套诊治处方，也丰富了减贫研究的理论视角，不少创新（如贫困的多维

---

　　① OECD, *The DAC Guidelines Poverty Reduction*, OECD, 2001, p. 56.
　　② 世界银行：《2000/2001 年世界发展报告——与贫困作斗争》，中国财政经济出版社，2001。

性、参与主体的多元性、方案的整体性等）都值得关注。强调贫困概念
的多维性、"政府主导"的政治意愿、"动员社会力量广泛参与"，也提
倡贫困人群在扶贫项目中"参与"和"自力更生"。这些理念都来自对
治理理念的认可，但是这些关于"整合"的描述没有具体指出这些主体
间如何实现合作，虽然有些机构提出要加强国家能力建设以促进多元主
体的共同参与，但是还是没有涉及实现整合的具体途径。并且，这些组
织的扶贫建议中有着强烈的意识形态的背景，如都明确指出民主制度才
能保证穷人的权利，是实现穷人脱贫的一个前提。同时一定数量的社会
组织是促成穷人集体行动的重要保证。可是对于中国来说没有出现国家
与社会的明显分离对立，在一定程度上还是一种国家与社会的融合关
系。而正是在这种不同于西方代议制民主的政治制度下，仍然实现了世
界上其他国家都没有达到的减贫成就。另外，这些国际组织的方案中的
一个基本假设是善治有利于经济增长与社会进步，并开出相应"药方"，
但方案中存在循环论证的地方。如"善治不仅能减轻贫困，它本身就是
没有绝对贫困；善治不仅能促进参与，它本身就必须具备参与性；它不
仅能提高政府的透明度，它本身就应该是透明的；等等"[1] 甚至有学者
通过实证研究证明，即使采用存在问题的良治指标，也得不出良治促进
发展的结论。[2] 相反，中国的情况是自身的经济增长与发展促进了治理
水平的提高。因此世行等国际组织的减贫方案对于中国扶贫实践仍然缺
乏解释力。所以，我们下面回到中国农村减贫的具体实践，寻找中国本
土学者及政府对中国扶贫实践中"整合机制"的研究。

---

[1] Zoë Wilson, *The United Nations and Democracy in Africa: Labyrinths of Legitimacy*, New York: Routledge, 2006, p. 51.

[2] Dani Rodrik, "Thinking About Governance" in Douglass North, Daron Acemoglu, Francis Fukuyama and Dani Rodrik, *Governance, Growth, and Development Decision - Making*, Washington, D. C.: World Bank, 2008, p. 19.

第三节　国内关于扶贫中整合逻辑的研究

一　国内关于开发式扶贫多元参与主体的研究

迟福林认为中国的反贫困治理结构是指为了实现社会经济发展和消除贫困的双重目标，反贫困主体运用权力和手段对社会经济资源进行支配、协调、控制、管辖，用法制原则规定政府、各种社会组织及贫困人口自身的权、责、利关系，由此形成的反贫困目标和战略、组织管理体系、政策和制度规范及行为模式的有机整体，它尤其突出贫困农户的高度参与、决策的透明度和法制化。[①] 该定义肯定了中国农村扶贫多元参与的特征，特别强调了贫困农户自身参与治理的作用。中国的政治经济环境和开发式扶贫内在的要求决定了这种类型的治理结构强调政府的作用，是比较典型的以政府为主导从上至下的管制型治理结构。

周子奇认为治理结构研究的主要内容就是参与主体、各主体的职能承担与作用发挥、主体之间互动的形式及其结构特征以及各主体在结构内位置的合理与否等多个问题。[②] 政府是多元主体的主导，是治理手段——扶贫政策的唯一制定者，是反贫困治理制度化、规范化的引导者，在治理结构中，政府处于网络的节点位置，对动员其他主体参与扶贫发挥着不可替代的作用。企业也是重要的参与者，以资源投

---

① 中国（海南）改革发展研究院：《中国反贫困治理结构》，中国经济出版社，1998，第46页。
② 周子奇：《网络治理视角下的地方合作扶贫研究》，中南大学硕士学位论文，2013。

入和直接参与扶贫开发两种方式发挥着作用。社会组织既包括国内 NGO，也包括各种国际多边合作机构，其一方面可以调动农民自身参与的积极性，另一方面可以有效地募集大量的社会资源包括资金及人力资源。他还根据我国开发式扶贫的实际总结了四个典型的特征：政策拉动、利益驱动、项目推动、需求导向。可以说周子奇对于开发式扶贫的治理结构的认知和描述是基本正确的，对于本书的研究有一定的借鉴意义。

匡远配认为中国的开发式扶贫形成了独特的扶贫机制：首先是一种政府主导型的扶贫开发机制，政府主导、多部门参与、多层次联动的全社会扶贫的资源动员机制；其次，该种机制确立了开发式扶贫战略和扶贫到户战略，政府的多部门参与是其最大的特点。这种制度安排，既是农村综合性的开发式扶贫方式的需要，也是为了动员已有的各类政府职能部门参与扶贫工作并发挥它们的专业优势。① 赵清艳认为我国农村扶贫中出现了多元主体的现象，他经过对现实情况的研究认为这些主体间多数只是合作而没有协同。即使以协同关系建立多元化也不完美，因为实践中不同主体的理念或目标不一致，要形成协同很难，因此主张形成一个政府主导下的多元化协同模式。在这种模式下政府提供主要资金、调整政策规划、提供法制保障，不再置身于具体的扶贫事务中，充分发挥各组织的优势，各尽其能。② 以上两个研究肯定了开发式扶贫参与主体的多元性，重点描述了政府在治理结构中的主导作用。

郑功成认为我国政府扶贫存在财力不足、效率偏低、强化官僚系统

---

① 匡远配：《中国扶贫政策和机制的创新研究综述》，《农业经济问题》2005 年第 8 期。
② 赵清艳：《论我国农村扶贫主体多元化的逻辑演变》，《北京理工大学学报》（社会科学版）2010 年第 6 期。

及容易滋生腐败等不足，需要重视 NGO 在扶贫中重要的补充作用。① 他对目前 NGO 在扶贫领域中的特点归纳还是准确的，NGO 扶贫还处于低级阶段，对官方的依附性还很强，欠缺相应的法制环境与社会环境，资源动员能力不足。陕立勤认为实践中长期实行的政府主导型扶贫模式受到政府失灵的困扰，扶贫资源难以有效地到达贫困户。鉴于 NGO 对扶贫资源的使用效率，建议改变政府主导的模式，形成和 NGO 平等合作的关系。② 张旸旸在其硕士学位论文中认为政府主导的开发式扶贫模式的边际效用在递减，政府的扶贫绩效继续在降低。因此，一方面政府要提升自身的管理水平，另一方面要引入第三方参与，政府的主导性应该逐步减弱。③ 王金艳认为政府主导下的开发式扶贫有一定的局限性——不利于非政府组织发挥作用，不利于人民群众发挥参与式扶贫的主动性。建议广泛动员和组织社会力量参与开发式扶贫，特别是要给非政府组织施展的空间和机会，赋予群众知情权、监督权、管理权，真正地发挥参与式扶贫的作用。④ 廖富洲认为我国政府主导的扶贫模式也存在一些问题：过分依赖政府行政力量从外部注入，对贫困人口的组织发动不够，忽视了他们的能动性，扶贫资源的配置也过分依赖行政机制，与市场化背道而驰。建议政府改变职能，与市场划清边界，实现市场机制、社会机制、行政机制的结合，提高贫困人口的参与和组织能力，早日颁布反贫困法。武继兵、邓国胜首先强调在中国现有体制下 NGO 参与扶贫必须取得政府的支持，与政府合作才能发挥作用，然后肯定 NGO 参与扶贫有利于扶贫资源的整合、扶贫效率的提高，有助于政府职能的转

---

① 郑功成：《中国的贫困问题与 NGO 扶贫的发展》，《中国软科学》2002 年第 7 期。
② 陕立勤：《对我国政府主导型扶贫模式效率的思考》，《开发研究》2009 年第 1 期。
③ 张旸旸：《现阶段我国政府开发式扶贫研究》，南京师范大学硕士学位论文，2013。
④ 王金艳：《当代中国农村扶贫开发模式论析》，《内蒙古民族大学学报》（社会科学版）2008 年第 4 期。

变和政府改革的深入。应该说该研究从国际经验出发，从合作模式、合作内容、合作机制三个角度总结了政府与 NGO 之间的关系，对中国政府与 NGO 的合作有一定的借鉴意义。① 以上几位学者的研究，都从剖析政府主导下的扶贫模式存在的各种缺陷入手，认为应减少政府的这种主导性，使其他主体更好地发挥优势互补作用。

二　国内关于开发式扶贫整合多元机制的研究

这一方面的文献可以分为三类。

一类是主张在开发式扶贫中要对多元机制进行整合。郑功成通过分析中国农村社会保障制度的效率肯定了政府在扶贫过程中提供服务的作用，也指出存在效率低、资金缺口大等局限性，因此建议建立合作机制，整合市场机制、公益机制、公共资源与社会资源机制等多管齐下的扶贫机制。② 于远亮在其硕士学位论文中提出优化中国扶贫政策，中国的扶贫治理要打破单一的依靠行政机制的格局以实现政府机制、社会机制以及市场机制三者的有机结合。一是政府要划清自己内部与地方政府的职权范围、划清和市场之间的职能界限，追求市场对扶贫资源有效的配置。二是政府要为非政府组织参与扶贫提供制度上的安排、资源上的支持，并提供双方对话的机制。三是要积极开展国际合作，吸纳国际组织的资金及技术优势。③ 杜旸从全球治理的角度来研究中国的扶贫进程，他认为在促进多元机制共同解决贫困问题时，要重视主权国家在治理中的主导性。他从非洲在减贫进程中完全依赖市场机制提供公共服务的失

---

① 武继兵、邓国胜：《政府与 NGO 在扶贫领域的战略性合作》，《理论学刊》2006 年第 11 期。

② 郑功成：《扶贫要建立多管齐下的机制》，《今日中国》2007 年第 5 期。

③ 于远亮：《中国政府扶贫政策的演进和优化》，南京师范大学硕士学位论文，2006。

败案例中提出，要发挥行政机制体制的作用，强化政府公共服务强制性
供给的角色。①

第二类是专门从行政机制与社会机制的融合入手来分析政府与社会
如何合作治理贫困问题。武继兵、邓国胜从政府和 NGO 之间的合作入
手来谈治理机制，认为政府与 NGO 有正式和非正式两种合作机制。② 正
式的合作机制是制度化的合作，如设立专门机构、联席会议等机制使
NGO 的力量能参与扶贫的政策制定和执行。非正式的合作是指短期内靠
双方工作人员的人际关系建立起来的合作模式。从中国扶贫领域政府与
NGO 的合作机制看，目前仍然以非正式的合作为主，这也基本符合目前
的现实，但并未进一步分析造成这种现状的原因。蔡科云从分析现行扶
贫体制的局限出发提出通过政府机制与社会机制的融合来共同治理贫
困，他从国家与社会的关系视野提出政府与社会合作的途径是要建构
"分立、分治、分享"的扶贫合作模式。在国家与社会的二元结构中，
权威在国家和社会秩序中都扮演重要角色，在扶贫中权威是分配有限资
源和调和各种利益的"执牛耳者"。在国家与社会合作扶贫的模式中要
淡化、分散、限制单极化的政府权威，相反要信任、扶植、建构社会组
织的社会扶贫权威。③

第三类在强调要有多元机制融合的基础上，进一步论述了多元机制
整合的制度安排。周子奇将扶贫中的治理机制定义为：多元扶贫主体间
依托网络治理结构而开展的基于平等、互信、有序的多样化的互动合作
以实现对公共事务的良好治理的行为，网络化治理包含了整合、协商、

---

① 杜旸：《全球治理中的中国进程——以中国减贫治理为例》，《国际政治研究》2011 年
第 1 期。
② 武继兵、邓国胜：《政府与 NGO 在扶贫领域的战略性合作》，《理论学刊》2006 年第
11 期。
③ 蔡科云：《政府与社会组织合作扶贫的权力模式与推进方式》，《中国行政管理》2014
年第 9 期。

维护三种治理形式。他从开发式扶贫地方政府合作的角度提炼了四种治理机制：资源整合、议题商议、纠纷处理及信任机制。[①]

四　对上述文献的评述

关于开发式扶贫的研究都指出了多元参与和政府的主导性这两个显著特征。中央及地方各级党政部门、群团组织、事业单位、国有及民营企业、国内和国际 NGO 及国际多边合作组织以及贫困群众自身都是开发式扶贫的参与者和政府整合的对象。政府是这些多元主体的核心，政府不但是扶贫政策唯一的制定者，也是主要的资源筹集和分配主体，同时也是重要的执行者，政府是中国扶贫治理网络的构建者和维护者。但在精准扶贫的实践中政府在网络中远不止具有"节点"的作用。除了少数学者如周子奇、邓国胜从治理结构的伙伴关系角度来分析政府与其他主体的关系，其他学者仍然从扶贫的瞄准和效率角度来分析主体间的关系。周子奇的论文虽然一开始从伙伴关系的角度分析了政府、市场、贫困农民各自在治理中所发挥的作用和所处的地位，但遗憾的是其并没进一步在此框架下分析主体间的关系；在归纳治理结构特征时又回到了中国农村扶贫一般的特点中，没有具体分析权威、利益、价值理念等因素对主体间关系的影响。邓国胜的研究始终从伙伴关系的角度关注扶贫中政府与社会组织的关系，其认识到了合作是彼此间的关系特征和政府的权威对合作关系形成的积极作用，但没有进一步谈价值认同的重要意义。其研究也局限于政府与社会组织的一种伙伴关系上，另外的三种关系并未涉及。

关于治理机制的文献基本上都提出在开发式扶贫中要发挥政府、市

---

① 周子奇：《网络治理视角下的地方合作扶贫研究》，中南大学硕士学位论文，2013。

场、社会三者的力量，相应地也要促进行政机制、市场机制、公益机制的融合。一些学者认为行政机制在扶贫中发挥的作用过多导致了瞄准率不高、资金渗漏、贪污挪用等问题；也有些学者认为在整合中仍然要保持行政机制的主导性，防止市场机制及社会机制的失灵，并且这也是扶贫作为一种特殊的公共物品的内在要求。另外也有学者从治理的视角提出政府与社会组织间要用合作来整合彼此的优势。这些学者都看到了开发式扶贫中多元治理这一特征，看到了扶贫治理中多种机制融合的一面，但是他们都没对开发式扶贫中具体的治理机制进行分析提炼。在笔者找到的文献中仅有周子奇在网络治理的框架下提出了中国扶贫的四种治理机制：资源整合、议题协商、纠纷处理及信任机制。应该说他归纳的这四种机制在开发式扶贫中的某个片段或局部来说是有意义的，但缺少一种整体感，比如这四种机制在实际运作的时候是否存在交叠、不同机制的地位是否平等。正如多数学者认为的那样，多种机制的融合或是说"多元整合"是开发式扶贫的另一大特点。因此整合机制是开发式扶贫治理中最主要的治理机制，整合的对象为多元的主体、多元主体掌握的资源、多元主体运作的机制，其他诸如协商、信任机制只是服务于整合机制的从属。

基于以上文献，目前学界对于开发式扶贫的治理机制的研究都发现了治理结构的多主体性和治理机制的多元融合性。在治理结构上对于多元性的认识通常分为两种，一种是彼此间平等的伙伴关系，此时政府的作用只是提供一个好的法律体系和保障法律与各种行政法规能得到有效的运行。另一种主张政府在多元主体中的主导性，即政府能对其他主体实施积极的影响，彼此间虽然是一种并不平等的伙伴关系。学界对于开发式扶贫治理结构都在第二种主张上有了一致的认识，只是有的认为这种"主导性"阻碍了中国扶贫的发展，有的则认为应该坚持。在治理机制上虽然都认识到了开发式扶贫是一种多元的机制融合的治理模式，但对于在开发式扶贫中促进这些多元机制融合并发挥彼此的优势背后的运行逻辑几乎没有涉及。因此，本书的研究方向或创新点就是：（1）政府主导的具体体现与优势；（2）多元治理机制是如何整合的，各种主体、机制间的连接纽带是什么，政府在其中的主导是如何体现的。

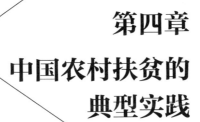

第四章
中国农村扶贫的
典型实践

第一节 曲靖"866"整村推进工程——政府内部全面整合实践

整村推进是中国政府农村开发式扶贫的重点内容之一，是以贫困村为瞄准对象，在较短的时间内利用大规模的资金投入发展现代农业、新农村建设，与承接产业转移、推进城镇化相结合，使贫困村的基础设施和生产水平得到质的提升，从而使其具有持续的自我发展能力。整村推进是政府新时期扶贫攻坚和连片特困地区发展、提高扶贫开发的质量和效益的有效手段。整村推进的项目规划通常围绕产业扶贫、基础设施建设、社会事业、生态能源建设、科技推广和农村基层组织建设六大类建设项目展开。

曲靖市是云南省第二大市，一方面是云南第二大经济体，另一方面，贫困人口多，扶贫攻坚任务重。辖区内涉及乌蒙、滇黔桂石漠化两个连片贫困地区，贫困人口 72 万人，占总人口的 13%，占全省贫困人口总数的 10.5%，脱贫任务繁重。① 压力产生动力，加上自身的经济和社会发展条件，曲靖市政府既有解决贫困的动力又有实现脱贫的实力。

曲靖市结合自己的实际情况开发了一套整村推进的工作模式。自2007 年曲靖市政府就开始实施"千村扶贫、百村整体推进"计划，每一周期为 3 年，"一次规划、二年实施、第三年检查验收"。因为其主要

---

① 该数据由笔者根据 2013 年数据计算得出。

的工作目标为户"八有"、自然村"六有"、行政村"六有",所以简称
"866"工程。

　　　　户"八有":有一幢瓦顶白墙、具有抗震能力、人畜分居、整洁
实用的安居房,有一口沼气池或节能灶,有一个卫生厕和卫生厩,有
一个生产性小水窖或小水池,人均有一亩年产 400 公斤以上粮食的基本
农田(地),人均分别有一亩特色高效经济林果和经济作物,年人均有
一头(只)商品畜出售,有一个劳动力掌握一门脱贫致富技术。

　　　　自然村"六有":有进村入社的简易公路,村内有整洁畅通的硬
化道路,有安全卫生的饮用水,有进村入户的通电条件,有能满足群
众基本需求的就医条件,有一批劳动力受到培训和转移输出。

　　　　行政村"六有":有进村公路和行道树,有安全卫生的饮用水,
有进村入户的通电条件,有广播电视、电话信号覆盖,有合格的办
公房、支部活动室、卫生室、文化室、兽医室,有群众信任、团结
干事的村"两委"班子和维护群众利益的好制度。

一　曲靖市"866"工程的工作机制

　　曲靖市政府在"866"工程中给自己设定的目标是:争取用三年的
时间使全市 170 个贫困村委会的 1600 个贫困自然村的 13 万户 52 万人得
到全面扶持,实现收入大幅度增加,生产生活条件明显改善,整体脱
贫。总投资测算为 20 亿元,而曲靖市 2008 年的地方财政收入仅为 40 亿
元左右,单纯依靠当地政府的财政收入是难以达到预定目标的。除了资
金上的紧张,整村推进还是一项综合性的全面工程,涉及教育、医疗、
交通、水利等各职能部门的相互配合。若无统一的规划与协调必然出现
群龙治水、重复建设或是相互推诿的现象。

面对这些问题，曲靖市政府的解决思路是大整合。在政府内部积极争取上级政府支持，动员省、市、县各级政府积极参与，做到整体规划，形成连片开发，整合省市县自身的财政扶贫资金、各行业部门相关的行业扶贫资金、扶贫办体系的专项扶贫资金，实现内部资金的大整合。在政府外部，充分动员项目地区的群众积极参与，以政府的资金为杠杆撬动广泛的市场、社会资金，做到群众大发动、社会大参与。

为了达到上述整合目标，曲靖市政府作为整个工程的发起策划者设计了一套完整的实施方案。首先，曲靖市政府为了实现政府内部各级政府、各职能部门通力协作，政府内部资源的大整合，一是在组织机构上成立了"整乡推进"扶贫开发领导小组，负责全市"整乡推进"扶贫开发工作的组织领导、指挥协调、督查检查及考核工作。领导小组由市委书记任组长，成员由市各职能部门负责人组成。领导小组下设办公室，办公室设在市扶贫办，市委政研室协调配合工作。办公室从市委组织部、市委宣传部、市发改委、市经委、市林业局、市水务局、市统计局各抽1人组成。另外各县（市）区也成立相应的领导小组及办公室，领导小组各成员单位、各挂钩帮扶单位和企业同样也要成立"整乡推进"扶贫开发工作领导小组，负责开展宣传发动、制定实施方案、组织协调工作。领导小组的设立为从上到下的垂直整合奠定了组织基础。二是制定了一套全面的工作制度。如下发了《曲靖市"整乡推进"扶贫开发项目管理办法》《入户项目建设补助办法》《资金管理办法》《建设资金筹集方案》《考核验收办法》《下派挂职扶贫干部选派和管理办法》《整乡推进实施方案》等一系列文件。其中《整乡推进实施方案》中明确指出了各部门的主要职责，如：财政部门负责筹集专项财政扶贫资金；扶贫部门负责财政扶贫资金项目规划和项目工程建设（各部门配合）；交通部门负责乡村公路建设；水务、国土、烟草部门负责人畜饮水安全工程、基本烟农田建设工程、水土保持工程、土地开发整理和农田水利工程建设；电力部门负责电网改造；农业、畜牧部门负责规划和实施粮食、经济作物、水果、畜牧等种植养殖优势产业，推广、普及农业实用技术，中低产田地改造，乡、村兽医站（室）建设工作；林业部门负责天然林保护、退耕还林、发展以林果业及沼气池为主的新能源建设；教育部门负责寄宿制学校、中小学危房整体改造和标准化建设，落实"两免一补"政策，建立并落实贫困生救助保障制度；科技部门负责开展科技培训和科技普及工作；等等。通过领导小组的组织形式和以上制度性安排把政府内的行业部门都整合到"866"工程中，不但工作安排中多了扶贫这项工作职责，各行业部门还要负责把本部门所有与扶贫或农业有关的项目资金都整合到该项目中，统一规划、捆绑使用。如表 4 - 1 就是领导小组对各行业部门下达的资金整合任务，资金的任务指标不但分解到市级有关项目主管单位，还要严格考核，按时足额完成整合项目资金任务的，市委、市政府给予表彰，市政府对市直有关部门按整合资金总额的 0.5% 进行考核奖励。对不按要求整合项目资金的，将进行通报批评，并扣减次年经费。对于很多部门来说，扶贫并不是自己部门的法定职责，但党和政府通过自身的权威使扶贫成为各部门一项重要的工作任务。

表 4 - 1　曲靖市"整乡推进"扶贫开发部门项目资金整合任务分配表

部　门	整合项目	整合资金（万元）		
		小计	2009 年	2010 年
合计		32526.03	19334.06	13191.97
市扶贫办	省级扶贫建设项目	1744.5	1144.5	600
市委政研室	农村民居地震安全工程	2427.5	2427.5	
市林业局	经济林及沼气能源建设项目	1808.84	700.8	1108.04
市烟草公司	基本烟农田建设项目	9848.27	1525.94	8322.33
市交通局	乡村公路建设项目	3450	2537.5	912.5
市建设局	基础设施建设项目	145	145	

续表

部　门	整合项目	整合资金（万元）		
		小计	2009 年	2010 年
市发改委	以工代赈及其他建设项目	1722.7	1322.7	400
市教育局	中小学危房整体改造和标准化建设工程	2290.35	2290.35	
市卫生局	乡、村卫生院（室）建设项目	483.2	483.2	
市民宗委	少数民族团结示范村建设项目	63	33	30
市农业局	沼气及村容村貌整治建设项目	1207.69	1207.69	
市水务局	水利建设项目	2833.57	1159.57	1674
市财政局	一事一议财政补助资金	2050	2050	
市农开办	农业综合开发建设项目	379	259	120
市移民开发局	灌区移民综合开发建设项目	180.64	180.64	
市畜牧局	畜牧发展建设项目	164	164	
市商务局	农村流通网络建设项目	19.3	14.2	5.1
市供销社	农村经营网点建设项目	168	148	20
曲靖供电局	农村电网改造工程	1540.47	1540.47	

注：该表由笔者根据曲靖市扶贫办访谈资料整理。

其次，整个工程具体的落脚点是"贫困村"，关键的"运转者"是贫困村的定点帮扶单位及驻村干部。为了使具体的任务和责任能落实到人头上，曲靖市政府制定了《整乡推进扶贫开发挂钩帮扶责任制度》，该制度最大的特点就是项目到村、责任到人。该制度规定了从市领导到乡镇一般干部的分工及责任。如市领导挂钩帮扶包乡（镇），县处级领导挂钩帮扶包村委会，安排全市 300 户企业每户挂钩帮扶 1 个村委会，这样使每个村委会有 1 名县处级领导、1 个政府部门、1 户以上企业挂钩联系帮扶。挂钩单位及项目地的干部每人帮扶 1 户农户。该制度还规定了每个村委会建立牵头单位和定点联系干部责任制度，挂钩帮扶同一个村委会的县处级领导，挂钩帮扶单位、企业，挂职扶贫干部组成挂钩组，组长由挂钩该村委会的县处级领导担任。定点帮扶单位要派出挂职扶贫干部，该派出干部通常政治素质好、工作责任心强、熟悉农村工作，该干部到乡镇挂职开展驻村入户扶贫工作，并担任乡镇党委副书记或副乡镇长。该文件中还规定各级挂钩领导具体去调研的时间、次数和任务。

> 如本人调研地之一会泽待补镇糯租村的挂钩组构成，组长由县委常委、县纪委书记担任，牵头单位为会泽县纪委，驻村干部为会泽县纪委派出的工作人员，挂钩的企业有滇能曲靖协联电力公司、中国财产保险会泽支公司、会泽澜沧江磷业有限公司。市级联系领导为市委书记，市级联系单位为市发改委。[①]

通过这种挂钩帮扶的方式，曲靖市政府将"如何扶贫以及用什么扶贫"两大问题交给了具体的帮扶单位和驻村干部解决。对于每个村的挂钩组来说，除了市、县财政补助给每个项目村的200万元启动资金外，差额都由挂钩组自己解决。要完成一个行政村的基础设施建设，抑或进一步完成产业扶贫，这200万元无疑杯水车薪。但是，挂钩联系组可以整合的资源很多。一是政府内部的资源——财政专项扶贫资金和各职能部门的行业扶贫资金，其实这部分资金已由市级政府在《曲靖市"整乡推进"扶贫开发部门项目资金整合任务分配表》里完成了整合规划，挂钩组只用根据项目村的需求做好项目实施方案，向有关部门争取协调。二是政府外部的社会资源，如企业、社会组织以及个人手中的资源。

> 如待补镇的糯租村在"户八有"安居房改造中共投资近600

---

① 引自笔者《云南待补整乡推进调研报告》。

万元，其资金来源整合了省、市、县三级财政扶贫资金近 100 万元，整合行业部门资金 45.9 万元，挂钩帮扶资金 4 万元（包括澜沧江磷业公司 2 万元、会泽县财产保险股份有限公司 2 万元），群众自筹资金（含投工投料折资）456.65 万元。中低产田改造项目中，向会泽县扶贫办整合资金 0.3 万元，挂钩帮扶单位县纪委向挂钩联系该村的市发改委协调项目资金 300 万元，整合群众自筹资金（含投工投料折资）20.5 万元，共改造中低产农田地4492.4 亩。该项目使 15 个自然村 15 个村民小组 988 户共 4084 人受益。①

可见该制度"关键的运作者"是挂钩的帮扶单位及驻村干部，他们要负责几乎所有的整合工作和承担最后的责任。此外也有一套相应的考核激励机制，对挂钩帮扶工作做出突出贡献的单位、企业和个人，市委、市政府给予表彰奖励；对投入帮扶资金 20 万元以上的挂钩帮扶单位进行奖励；对综合考核成绩优秀的驻村干部，每人给予 1 万元奖金，并在提干时优先给予提拔使用；考核不合格的驻村挂职干部延长挂职时间 1 年，不合格不出村，同时对应该村的县级挂钩领导，当年公务员考核不能评为优秀，3 年内不得提拔和调动；对工作不到位的单位，要追究主要领导的责任。

如上述案例中糯租村的县纪委干部段某，在完成为期两年的驻村工作后，综合考核成绩全县排名第 3，全市排名前 20。分别获得了市县的奖励各 1 万元，提拔为会泽县财政局副局长。②

这套基于挂钩结对帮扶的整合机制，在曲靖市"866"工程中发挥

① 引自笔者《云南待补整乡推进调研报告》。
② 根据笔者访谈资料整理。

了极其重要的作用。它将中国政府扶贫制度框架落到了实处，不但可以整合政府内外的资源，更重要的是挂钩干部与贫困村捆绑的"连坐"方式保证了贫困村和贫困户能够得到扶贫资源。农村扶贫中的一大难题是扶贫资源不能真正作用于贫困村。一方面，政府职能部门和其他社会主体往往会有意无意地"忽视"贫困群体，"忘记"他们理应履行的职责，甚至很有可能截流、挪用扶贫资源。另一方面，贫困村或贫困群体往往没有能力争取政策赋予他们的各种优惠；而且他们受困于"集体行动的困境"，不能组织起有效的集体行动，捍卫自己的权益；有时他们甚至不知道扶贫政策的存在。对口帮扶、责任到人解决了这些问题。帮扶单位成为贫困村或贫困群体的"代言人"，从而克服了集体行动的困境；而且作为"强者"，他们有能力向政府职能部门进行游说，为帮扶对象争取更多法定的权益；他们也可以利用自身的影响力或社会资本，为帮扶对象募集各类社会资源。这是帮扶单位不可替代的作用。

二 曲靖市"866"工程中的典型案例

上述政府通过行政权威建立的挂钩责任制不但整合了政府内部所有主体和资源，同时也以行政机制主导整合市场、社会主体及其掌握的机制和资源，使政府之外的主体以不同的形式参与扶贫。在市政府的设计之外，各县在具体的实施过程中呈现更加生动的政府对政府外部的资源、机制整合的典型案例。比较有代表性的如富源县的"矿村共治"、会泽县的"送母分仔"。

在基础设施建设的案例中主要的参与主体就是政府，整合的是政府内部资源。企业也只是作为工程的承建方简单地出现在案例中。而产业培育涉及市场，仅靠行政机制无法适应市场的特点，只有依靠企业整合市场主体、按市场的方式才能实现产业的培育与发展。会泽县在全县推广实施的"送母分仔"项目正是按照这种逻辑在政府的主导下整合市场主体按市场的方式扶贫的例子。糯租村甚至整个会泽县地区都属于典型的高寒、低温、低产地区，可以说自然环境差、生产条件落后，这样的地区并不具备很好的发展第三产业的条件，只能从传统的种养殖业想办法。而对于贫困的农户来说，首先一个问题就是没有购买仔猪的启动资金，有的甚至连购买饲料的钱都难以周转。其次，贫困地区的农民是一个相对弱势的群体。一是缺少市场必要的信息，难以及时地了解市场需求和获得稳定的销售渠道；二是单个的农户很难与外地的企业形成议价能力，好的产品也未必能卖个好价钱。对于企业来说，实现利润最大化是其追求的价值目标。如何能保证农民在与企业的博弈中利益不受损失，又能充分动员企业的资源参与扶贫；如何能有效地把农民组织起来形成一个有力的整体，这是在产业扶贫中取得成功需要解决的关键问题。"送母分仔"案例中形成的政府主导下的"园区＋养殖大户＋协会＋贫困农户"模式很好地解决了这些问题。

　　所谓"送母分仔"，是指在政府的主导下整合当地的养殖企业、协会的自有资金和国家的扶贫资金（补助）购买基础母畜。企业饲养的基础母畜的后代按合同约定的比例分给那些有饲养愿望，但缺乏购买资金的贫困农户饲养。企业（协会）与受领农户签订协议，双方按商议分享母畜所产生的利润，农户承诺将所养母畜繁殖的后代分给他人，以实现循环可持续的发展。具体的过程是政府内部整合扶贫专项资金和畜牧养殖补助资金作为补助资金，补助资金主要用于补助产业园区（规模养殖户）购买基础母畜、种畜以及规模化养殖所需的猪圈、仔猪保育栏、产子保温室等。产业园区按照现代化的饲养方式繁殖饲养基础母畜，母畜产仔后一年内，协会（政府支持下成立）以送一分二的方式回收优良后备母猪。所回收的母猪再分给养殖大户或有饲养基础的农户，对于重点扶持的养殖户按送一分一的比例回收仔猪。协会再把这些仔猪无偿分给贫困农户饲养，对贫困户不再回收仔猪并通过协会给予每户 200 元的饲料补助。参加协会的养殖户和贫困农户都可以利用协会建立的品牌和销售渠道按自己的意愿出售肥猪。

在实际推广中，对于有条件的乡镇都尽量用产业园区带动规模养殖户再带动贫困户的方式。通常，被列入"整乡推进"的乡镇由于可以整合的项目资金规模相对大，都严格按照这种方式推广。如会泽县的五星、待补、大桥先后被列为"整乡推进"的项目乡镇。养殖园区作为项目的核心基地，具有立项、技术支持、品种改良、示范等作用。

建立产业园区的好处，一是便于申请相关的项目扶持资金，因为很多项目扶持资金要有规模和企业的资金配比。如根据《云南省 2011 年度财政扶贫资金产业项目管理暂行办法》和《会泽县畜牧产业发展基金管理暂行办法》，畜牧产业发展基金扶持的对象是："达到标准的规模养殖场（户）。年存栏母猪 60 头以上或出栏标准化肉猪 300 头以上，年存栏母牛 20 头以上或年出栏肉牛 50 头以上，年存栏母羊 50 只以上或年出栏 200 只以上；投资 2000 万元以上或年产值 1 亿元以上的畜禽产品加工企业。"二是便于整合大户的资金，即使对于五星乡这样的整乡推进项目乡，全乡的政府补助基金也至多占到全县的三分之二，即 200 万 ~300 万元。单凭这笔钱是难以达到整个项目的目的的，只有通过政府的补助资金整合民间的资本，使当地的养殖大户充分参与进来才能完成整个项目的建设。三是产业园区的建立能形成现代化的规模养殖，依靠科学的管理可以保证仔猪的出栏率和母畜的产仔率，更重要的是能保证改良猪的品种。如猪圈由县畜牧局技术人员统一规划设计、指导建设，严格按照现代化养猪技术要求，配套安装了自动饮水器、母猪产床、仔猪保温箱等设施，使圈舍做到冬季抗寒保暖、夏季防暑降温，这样可以保证产仔成活率。在科学管理上由专业技术人员定人订户指导饲养管理。配备消毒灯、消毒池等设备，防疫、驱虫等实现了程序化，选用符合国家标准的饲料、兽药等投入品，这样使产品在销售时达到无公害、绿色化要求。另外，园区统一采用生产性能优良的著名品种托佩克，并配套建设了统一供实施人工授精改良的授精站，提高了种猪利用率。园区作为全乡优良品种育种基地对全乡品种的改良和出栏猪肉品质的保证发挥了重要作用。四是园区现代的养殖业符合国家扶贫开发纲要中"统筹兼顾，科学发展，扶贫开发与生态建设、环境保护相结合"的原则。园区建立专门的排污沟，并且推行"猪—沼—果""猪—沼—粮""猪—沼—草"循环养殖模式，用猪粪制作沼气，沼气供热，沼液肥田，节约了资源，降低了污染排放，促进了科学发展。

另外，园区也是项目循环发展的起点。园区内的基础母畜和种猪由政府购买发放，母畜产仔后一年内，协会以送一分二的方式回收优良后备母猪和猪仔。小区和养殖户接受协会从园区回收的母猪和猪仔，协会与园区协同为小区和养殖户提供技术指导。同样待母畜产仔后一年内，协会以送一分一的方式回收优良后备猪仔分给之前确定的 1000 户贫困农户饲养，同时协会和小区及养殖户都有义务为贫困户提供技术指导。

对于那些没有被列入"整乡推进"的乡镇，项目模式相对简化。一是由于这些乡镇相对富裕，农民的经济基础和技术水平高一些，二是项目资金相对少，通常在 100 万元以内。这类乡镇仍然是政府通过行业协会购买母畜或种猪，但可以直接与养殖大户或农户签订送分协议，既可以补助大户也可以直接送给农户饲养。如乐业镇生猪养殖产业扶贫项目，总投资 88.4 万元。其中，申请财政补助 50 万元，农户自筹资金 38.4 万元（主要为养殖大户出）。申请的财政补助资金 50 万元用于改建标准化猪圈舍、新建母猪产仔保温室 4 间 80 平方米；安装仔猪保育栏 13 套，共补助 22 万元；购买良种母猪 100 头和良种公猪 14 头共补助 28 万元。项目由镇政府负责立项申报，养殖大户晏庆林与陈加余等 70 户农户与镇政府签订协议，贫困户在接受后备母猪的同时，必须周转出 1 头母猪作为产业扶贫滚动母畜，循环周转。养殖大户除周转母畜外还周转 1 头仔猪，仔猪也是分给其他贫困户养肥出售。接受仔猪的农户通常更加贫困，并不具备饲养多头牲畜的能力，难以保证循环母畜的回收，因此接受仔猪后也不再有分仔的义务，待其通过出售肥猪经济情况有一定改善和掌握养殖技术后也可申请母畜饲养。

总体来说会泽县"送母分仔"模式中政府的主导作用随处可见。第一，政府要整合自身内部相关各行业的项目资金。整合资金来源如县级以上产业扶贫专项资金、库区移民产业扶贫资金、畜牧产业扶贫资金、养殖小区建设资金、规模养殖场（户）奖励资金、生猪调出大县奖励资金、现代农业发展生猪项目资金和其他畜牧专项资金中用于扶持规模养殖的资金。这些项目资金通过补助和低息贷款等优惠政策再去整合养殖大户或养殖企业以及群众的自有资金。如对于参与的养殖企业，每送 1 头受胎母猪给予 200 元补助；对于达到一定养殖规模并送出仔猪达 1100 头的养殖企业，将给予最高 15 万元的低息贷款和 7.5 万元的引种补助。

第二，政府要负责搭建平台，规划引导。一是县政府为了方便整合成立了以分管副县长为组长，县财政局、县发展和改革局、县扶贫办、县畜牧局、县移民局、县国土资源局、县农业银行、县农村信用联社主要领导为成员的协调工作领导小组。具体规定了各成员单位的职责，如县财政局负责筹集财政配套资金，做好资金调度、组织拨付等工作；对资金使用全过程进行检查、监督和管理，确保项目资金使用的合法、合规和安全。县畜牧局负责指导做好"送母分仔"扶贫模式推广中协会、养殖园区、小区、养殖场、养殖大户的选择工作以及养殖小区（场、户）的规划设计及建设工作；做好"送母分仔"实施过程中的技术指导、监督、检查等工作。县扶贫办负责做好科技扶贫、畜牧产业扶贫等"送母分仔"扶贫模式推广资金的争取工作，不断加大资金的投放力度，会同畜牧局、项目乡镇做好行业协会的建立以及养殖园区、小区、养殖大户的选择工作。县发展和改革局负责组织协调相关部门编制全县有关企业、养殖大户等"送母分仔"投资项目实施的中长期规划、设计等，按程序和管理权限做好有关"送母分仔"项目的立项、可行性研究报告和初步设计的审批或上报等工作。县国土资源局负责做好所涉及的养殖小区、养殖场、养殖大户所需建设用地相关手续的审批、报批等工作。二是各项目乡镇也成立相应的领导机构，乡领导小组的一个重要工作就是建立行业协会。行业协会主要在乡镇政府的领导下依托村两委建立，如五星乡就设立了以乡长任会长的五星乡仔猪产销协会，协会下设分会。分会建立在村委会，村委会主任任分会长，分会由村民小组组成，由各村民小组长或养殖大户任协会小组长。

第三，政府主导作用还体现在对养殖产业公共服务的提供上。县畜牧局、乡产业协会和乡镇兽医站定期负责对园区内的猪进行疫病监测和品种改良，确保园区内良种母猪、种猪健康壮硕、品质优良。为了确保引进种畜不发生动物疫病，政府还建立了有效奖惩机制。如县政府与县畜牧局、五星乡政府签订了引种防疫责任书，责任到人，对相关人员实行风险抵押，每人交风险抵押金1500元，自引进种畜分发到饲养户手中之日起，365日内不发生能预防的重大动物疫病的，奖励五星乡党委政府和县畜牧局各10万元，对第一责任人、直接责任人、具体责任人，在返还所交风险抵押金的同时，给予风险抵押金2倍的奖励。若重大动物疫病发生，疫病死亡率超过5%的，所交风险抵押金全额上交县财政用于发展畜牧业。同时，第一责任人、直接责任人和具体分片责任人分别主动向主管机关提出辞职或高职低聘。

第四，为了充分动员群众积极参与，会泽县政府采用了参与式的扶贫方法。在项目启动初期，各村村民自己推选出首批受领母畜的农户。在政府和协会的监督基础上，最主要的监督工作也由当地群众完成。通过绑定仔畜的受领户和母畜的饲养户实现饲养管理的监督工作，由于母畜的饲养情况直接关乎仔畜即下一批农户的自身利益，监督工作十分到位，有效制止了中途变卖、造价死亡等无法使项目持续实施的现象发生。根据项目实施地之一乐业镇马厂村贫困养殖户罗正选介绍："这个方法非常有效，农村是一个熟人社会，诚信对于一个农村人家来说非常重要。如果我领的母畜没有好好饲养或是因为价格好而提前卖掉，不但得罪了下一家受领的人，我以后在村里也抬不起头。没有诚信的人不但手头紧周转不开时借不到钱，农忙时也很难请到人帮忙。这个事情还和村委会有牵连，上了'黑名单'以后再有好项目也不会轮到你了。"

"送母分仔"模式有效解决了贫困户想发展但又缺少资金的困难，使扶贫资金真正用到贫困户，也便于在养殖过程中形成规模化、产业化。政府通过建立协会，利用企业的运作方式实现了政府的服务职能。大户联合建园区、园区带小区、小区带大户、大户带贫困户的扶持机制，一次投入周转资金，实现滚动发展，可以持续地发挥扶贫作用，使有限的扶持资金实现效益最大化，不断扩大扶贫面，让更多的贫困户得到扶持。更为重要的是所扶持的贫困养殖户通过两三年的发展，就可以实现自我的发展，掌握整套科学的技术，也基本建立起自我发展的能力。这样，贫困户在退出扶持范围之后，基本掌握了一种以上致富技能，实现可持续发展，有效避免再度返贫的现象发生。

　　在"送母分仔"的模式中，政府通过自己内部的整合资源实现了对外部资源的整合，通过行政机制建立了协会，吸收了市场机制和社会机制的优点，弥补了行政机制的不足，解决了仅靠自身力量难以解决的问题。会泽待补镇的小城镇建设案例更加充分体现了这个过程，如产销协会的作用就很明显。

　　产销协会的职责如下。产前作为政府的代表购买母畜及种猪并发放给产业园区或养殖户，也作为政府的代表与园区、养殖大户、贫困户签订协议，并负责母畜及仔畜的回收和再次分配工作。贫困户选择的标准为三个优先：有养殖经验和技术的贫困户优先，有圈舍和饲草饲料的贫困户优先，讲信用守合同的贫困户优先。产中监督园区、小区与养殖大户做好饲养管理，乡产销协会和县畜牧局成立专门技术服务队，加大对受扶持户的培训力度，指导受扶持户转变饲养方式，抓好防疫灭病、品种改良等技术服务工作，一些好的协会还负责饲料的统一购买和发放，这样减少了中间销售成本和运输成本，对于那些暂时周转不开购买饲料的贫困户，协会还可以预支饲料，待肥猪出售后再回收饲料款，协会还为具备一定规模的养殖户提供低息贷款。产销协会重点在养殖户和市场之间搭建信息平台，构建营销网络。如五星乡的产销协会就注册了"星牌"商标，树立自己的品牌，开拓市场，拓宽销售渠道，架起生猪产业从生产到销售的桥梁。协会还能更好地掌握市场行情建议养殖户扩大或缩小养殖规模，或在猪价好的时候买猪。协会以集体的合力面对市场，提升自己的议价能力以适应市场经济的竞争环境。协会的活动经费第一年由政府养殖产业扶持基金拨付，以后的活动经费一是来自上文提到的协会给养殖大户提供的低息贷款所收取的基金占有费，一般与小额信贷的利率一致，每年5.1%左右。另一来源是"送母分仔"扶持的贫困户缴纳的扶持金，每接受一头仔猪缴纳扶持金50元，每接受一头犊牛缴纳扶持金200元，每接受一头羔羊缴纳扶持金 30 元。

这种通过在政府主导下成立新的组织形态而实现对其他机制及资源的整合也出现在待补镇整乡推进的实践中。统筹城乡区域发展也是新时期扶贫的重要目标,因此在国家级贫困县的贫困乡镇搞小城镇建设也是"866"工程的一项重要内容。待补镇的整乡推进实行的就是"双轮驱动,统筹城乡"策略,即一方面加大对各村生产、生活等基础设施的投入,培育并提升产业规模;另一方面抓城镇建设,提高医疗卫生、教育、交通、集市等公共服务设施的硬件水平,以此来实现城镇化与农业产业化、小城镇与新农村建设双轮驱动的城乡统筹一体化发展。城镇化不但能就地就近地解决农民就业问题,还能提高农村的基础服务设施的水平。但是城镇化建设面临的三大问题就是资金短缺、政府在项目规划设计方面的专业知识和能力欠缺、招商引资渠道单一。仅仅凭借政府自身的能力远不能完成该目标。为了解决这三大难题,当地政府注资成立国有公司,引入市场机制,整合社会力量。通过成立新的组织改变自身性质,实现了行政机制与市场机制的整合。待补镇城投管理公司采取政府控股、当地企业参股的方式,采用的是"以借地生财为主、财政投入为辅"的方式,以国有存量资产和国有土地使用权为主要运作对象,充分发挥融资平台的功能。将待补镇农机加油站、水务所、文化站、为民服务中心、待补居委会(3 处)7 处房产拍卖后,资金全部注入城投公司,实现了市场化运作,多渠道筹措工程资金。为了弥补政府在部分专业知识能力上的不足,待补镇政府利用城投公司这一平台广泛与政府外部主体合作,不断地吸纳更加多元的主体参与工程。如在城镇开发规划上,城投公司通过挂钩单位省建设厅的牵线与省设计院合作,设计院只收取必要的费用。设计方案出来后又邀请专家学者、村民代表、相关企业等社会主体参与规划方案的讨论,为城投公司提供专业建议、方案论证等方面的帮助等。另外,城投公司还发挥了招商引资的功能。引进范登博思北京花卉有限公司繁育百合种球,引进黑龙江天邦水产养殖公司养殖虹鳟鱼、中华鲟鱼 10 万余尾,年产值 2000 余万元,带动 50 余人就业。

在曲靖市内部的挂钩帮扶制度之外,中央的定点帮扶也被整合其中。如中国工程院定点帮扶国定贫困县会泽。中国工程院出台了对会泽扶贫开发的规划,成立中国工程院会泽院士专家咨询服务站,一些院士、教授、专家多次到会泽进行实地调研,并通过互派干部挂职、组织院士团到会泽开展智能和科技帮扶等形式,在新技术引进,新项目促成和延长文化旅游链,矿物及药物、食品精深加工等方面做了大量工作。为了开发和保护会泽古城,中国工程院专门列项为古城修建做详细规划,明确由徐德龙院士牵头,西安建筑科技大学为规划主体单位,并安排专项资金 100 万元。

综合以上分析,曲靖市政府在"866"整村推进工程中设定了一个超越自身能力的巨大目标。但通过充分发挥"政府主导,充分动员社会各界广泛参与"这一扶贫机制顺利完成了预设的目标。这一机制的核心就是整合,整合首先体现在政府内部横向、纵向的整合。曲靖市政府通过成立整村村级扶贫领导小组整合了几乎所有党和政府的组成部门,组成部门内部都设有整村推进办公室,由专人负责。并且每个部门都发挥着自己的优势,如发改委、财政局、交通局等管钱管项目的部门充分整合自己的行业资金,即使是体育局、妇联这样的部门也能通过自己的业务关系向上级或别的部门协调资金或是项目。党委口的部门也被充分整合进来,如宣传部门为整个工程宣传造势,充分动员;组织部门在初期挂职干部的选派和后期考核验收方面都发挥着重要作用。在具体实施的项目地,如会泽县在实现上述整合的同时,也吸纳了中央定点扶贫的力量和社会、市场的机制和资源。中国工程院为古城的保护和开发出资、出力,省建设厅作为待补镇的挂钩单位,主动联系省设计院为待补镇小城镇建设做规划设计。同时，整合也发生在政府外部。在"送母分仔"和小城镇建设的案例中，政府为了弥补资金短缺和自身能力的不足，通过成立专业协会、城投公司的方式引入了社会组织及市场机制，从而弥补了行政机制在招商引资和融资方面的缺陷。

在上述案例的整合中可以见到参与主体的多元性，政府内有中央部委，省级机关，市、县、乡三级党委和政府；政府外有国有烟草、电力企业，房地产开发商、承包建设商，大量的种养殖大户等；另外还有研究院、媒体等社会组织。虽然在这些多元主体参与的过程中，各种主体都发挥着自身的作用，但政府始终处于主导地位。政府的这种主导性首先表现在政策的制定上，曲靖市政府是所有政策的制定者和最主要的实施者；其次表现在协作对象的选择上，整个过程中哪些主体可以参与这个过程以及参与的方式都由政府决定；政府的这种主导性还体现在项目的瞄准机制上，政府对于项目实施地的选择和资金的投放、配比都有最后的决定权。虽然项目实施地的贫困农民对于项目的选择、规划能表达自己的意见，但群众的这些需求最后还是汇总到市级政府，由市级政府综合考虑全盘情况后再做出决定。

曲靖市政府的整合涉及不同级别政府之间的整合、同级政府不同部门之间的整合、政府对市场机制的整合、政府对社会资源的整合。实现这些整合依靠建立新的组织领导小组，领导小组是网络式的临时组织，虽然没有固定的办公场所和组织实体，但是建立在党和政府的权威、组织间的相互信任基础之上，依靠行政命令来运行，总体上稳固而有效。另外利益的满足、领导的重视也是市场、社会主体参与整合的重要保障。

综上，我们可以得到曲靖"866"整村推进工程案例的分析结果，如表4-2所示。

表 4 - 2　"曲靖'866'整村推进工程"在描述框架中的表现

一级指标	二级指标	三级指标	涉及的内容
扶贫主体	政府	中央各部委	定点帮扶的垂直整合：中国工程院定点帮扶会泽县，为两处古城的开发做详细规划并安排资金 100 万元
		贫困地区政府	全面扶贫：成立领导小组，横向整合各行业部门资源，纵向整合各级政府专项扶贫资金
		发达地区政府	
	市场	国有企业	烟草、电力等出资建设基础设施，或要求出资
		非国有企业	出资出力，承建各种工程，承包当地农业项目
	社会	国内/国际 NGO	希望工程，春蕾计划，农村妇女两癌筛查，言爱思源学校
参与主体的作用	政策、规则的制定		曲靖市政府掌握扶贫政策的制定
	合作对象的选择逻辑		政府根据自己的需要选择合作主体
	扶贫资金的筹集与分配		政府是主要的资金提供者和筹集者，根据自身规划分配自身及筹集的资金
	主体在项目实施中的角色		既是唯一的规划者、组织者，也是主要的执行者；企业、贫困农户也是重要的执行主体
整合维度	政府内部的整合	政府内部垂直整合	曲靖市政府及市、县、乡三级扶贫办系统的全面整合
		政府内部水平整合	曲靖市政府成立整乡推进领导小组
	政府外部的整合	政府与市场	政府对市场机制的整合：待补镇成立城投公司，利用市场机制实现融资
			政府对市场资源的整合：政府与承建商、开发商、农产品加工商、种植大户等资源的相互整合
		政府与社会	政府对社会机制的整合："送母还仔"案例中的参与式方法
			政府对社会资源的整合：富源矿村共治；中国工程院成立会泽院士专家咨询服务站，为古城修缮提供规划设计
整合途径	组织形式	科层制	以政府的科层管理为内核，整合政府内部各部门与各级政府及企业等多元主体构成的网络型虚拟组织
		网络型	

一级指标	二级指标	三级指标	涉及的内容
整合途径	整合机制	权威	内部：市委市政府发文要求全市各单位参与整乡推进，并建立挂钩联系制度，具有行政命令式的强制；挂钩帮扶领导的现场会往往能协调到项目和扶贫资金
		利益满足	外部：当地企业在政府的政治动员与政策吸引下参与产业扶贫
		价值观念	产业扶贫中参与的企业以营利为目的而实现了扶贫。通过积极配合政府的动员以提高自身企业在当地的政治影响力
			扶贫发展是政府的一项重要职责，对落后地区的政府构成强烈的政治压力
			NGO 与政府共同的扶贫使命
			矿村共治中的企业、种养殖大户对家乡人强烈的感情和责任感

第二节　沪滇合作——地方政府间的整合实践

东西扶贫协作是中国特色扶贫开发事业的重要组成部分，该机制形成于"八七"扶贫攻坚时期。1994 年，国务院颁布实施《国家八七扶贫攻坚计划》，明确指出：北京、天津、上海等大城市和广东、江苏、浙江、山东、辽宁、福建等沿海较发达的省，都要对口帮扶西部一两个贫困省、区发展经济。1996 年 7 月，国务院办公厅转发《国务院扶贫开发领导小组关于组织经济较发达地区与经济欠发达地区开展扶贫协作报告》，正式部署了包括上海、云南在内的东西扶贫协作工作。1996 年，党中央、国务院根据邓小平同志"两个大局"① 的战略构想，审时度势，做出了东部沿海发达省（市）对口帮扶西部欠发达省（区、市）的决定，东西扶贫协作全面启动，并作为一项制度长期坚持下来。这也成为新一轮精准扶贫战略中国家为实现共同富裕的目标做出的一项制度性安排。2016 年习近平在东西部扶贫协作座谈会上强调："组织东部地区支援西部地区 20 年来，党中央不断加大工作力度，形成了多层次、多形式、全方位的扶贫协作和对口支援格局，使区域发展差距扩大的趋势得到逐步扭转，西部贫困地区、革命老区扶贫开发取得重大进展。在西部地区城乡居民收入大幅提高、基础设施显著改善、综合实力明显增强的同时，国家区域发展总体战略得到有效实施，区域发展协调性增强，开创了优势互补、长期合作、聚焦扶贫、实现共赢的良好局面。这在世界上只有我们党和国家能够做到，充分彰显了我们的政治优势和制度优势。东西部扶贫协作和对口支援必须长期坚持下去。"② 截至 2017 年 1 月，中央共确定东部地区 267 个经济较发达县（区、市）与西部地区 390 个贫困县展开了"携手奔小康"行动。

　　对于云南的扶贫实践来说，东西协作涉及沪滇合作和粤滇合作两部分内容。其中粤滇合作涉及广东东莞市、中山市对口支援云南昭通市，珠海市对口支援怒江州。鉴于沪滇合作无论在实施时间还是规模上都长（大）于粤滇合作，在此我们选择沪滇合作为研究对象。

一　沪滇合作多元整合的组织保障与工作机制③

　　沪滇合作实施 20 多年来形成了一整套完善的组织体系和运行制度，

---

① 一个大局是沿海地区要加快对外开放，较快地发展起来，内地要顾全这个大局；另一个大局是沿海地区发展到一定时期，拿出更多的力量帮助内地发展，沿海地区也要顾全这个大局。

② 习近平：《切实做好新形势下东西部扶贫协作工作》，《人民日报》2016 年 7 月 22 日。

③ 本部分资料来源于《沪滇合作资料汇编》，云南省扶贫办内部资料。

实施的项目成百上千，任何一个单一的项目都很难代表其全貌。为了能体现沪滇合作中中央主导下的府际协作，本部分将首先从整体上介绍沪滇合作的政策设计和双边协作的主要运行机制；其次，分别从产业扶贫、人才交流、社会扶贫三个方面展示沪滇合作中具体的多元整合的过程，要特别说明的是，虽然这三个方面的案例中政府、企业、社会组织分别是主要的实施主体，但在具体实施过程中都少不了其他主体的身影，可以说多元主体的参与是精准扶贫的一个重要特征。

（一）沪滇合作组织保障与工作机制

为了实现政府内部垂直和水平的整合协作，首先在中央层面，将东西协作列为国务院扶贫办的一项重要工作，具体由国际合作和社会扶贫司负责，并将东西协作写入《扶贫开发纲要》，以中央文件的形式确定下来。"东西部扶贫协作双方要制定规划，在资金支持、产业发展、干部交流、人员培训以及劳动力转移就业等方面积极配合，发挥贫困地区自然资源和劳动力资源优势，做好对口帮扶工作。国家有关部门组织的行业对口帮扶，应与东西部扶贫协作结对关系相衔接。积极推进东中部地区支持西藏、新疆经济社会发展，继续完善对口帮扶的制度和措施。各省（自治区、直辖市）要根据实际情况，在当地组织开展区域性结对帮扶工作。"① 这在总体上规定了东西协作的要求和工作内容，为双方工作的开展提供了合法性基础和政策支持。

其次，在省（市）层面，为了能实现双边有效的整合与协作，上海和云南成立了各自的沪滇对口帮扶合作领导小组，组长由各自的省（市）委书记担任，副组长由省（市）长及省（市）级相关领导担任，

---

① 参见中共中央办公厅、国务院办公厅《关于进一步加强东西部扶贫协作工作的指导意见》。

所涉及的教育、科技、民（宗）委、民政、人社、农业、卫生、旅游、金融、工商联、共青团等政府组成部门是其成员单位。由于上海还对口支援西藏日喀则地区、新疆阿克苏和喀什地区及青海果洛，所以称呼有所不同，全称为上海市对口支援与合作交流工作领导小组，其他则和云南方面类似。虽然上海沪滇对口帮扶合作领导小组组长行政级别高于云南的组长，但双方在协作的过程中是以平等自愿、相互协商的原则来开展工作的，并不存在谁领导谁的情况。领导小组一方面是本省（市）沪滇合作的最高领导机构，拥有本省（市）的最后决策权，另一方面也要代表本省（市）和另一方相互协商制定政策及规划。

双方领导小组的工作机制是联席会议，该工作机制是基于自愿、平等、协商、共识的横向整合，可以说共识与协商是其决策机制。双边的联席会议通常一年召开一次，举办地实行两地轮流制，这也体现了联席会议平等协商的本质。联席会议上，双方一般会总结上一年度的工作，肯定成绩查找不足，最重要的是相互讨论下一年度工作计划。联席会议的另一项重要任务就是制订修改五年规划，每年的联席会议双方共同编制上海云南对口帮扶与经济社会合作"九五"至"十三五"规划，确定对口帮扶经济社会合作目标和重点任务。会议双方达成的共识以纪要的形式记录下来，这也是年度沪滇合作的纲领性文件，"会议纪要"可以说是双方的行动纲领。在此基础上双边的相关行业部门再进行协商讨论制定双边的合作战略框架协议或合作备忘录。如第十四次联席会议于2013 年 8 月在上海举行。会上，双方签署了《上海市人民政府、云南省人民政府关于进一步加强沪滇帮扶合作携手参与中国面向西南开放重要桥头堡建设战略协议》《上海云南对口帮扶合作第十四次联席会议纪要》。此外，云南省政府还分别与复旦大学、上海交通大学、同济大学签署《省校战略合作框架协议》。两省（市）教育、民族宗教、民政、人保、农业、环保、文化、卫生、工商联、共青团 10 个部门签订了

2013 年度合作备忘录，上海 14 个对口区与云南 26 个帮扶重点县签署了《关于深化区县结对帮扶合作的框架协议》。2018 年 4 月召开上海云南扶贫协作第十九次联席会议，签订了《上海市助力对口地区打赢脱贫攻坚三年行动计划》《关于深化携手奔小康行动的工作意见》，明确了年度工作思路和任务，签订了干部选派交流、教育帮扶、健康扶贫、劳务协作、工会合作、广播电视助力扶贫协作等协议。仅 2018 年，上海市有关部门和 15 个区 410 人次深入云南省贫困地区调研对接，召开联席会议 101 次，互访交流，不断推动沪滇扶贫协作向更精准、更广阔、更务实的方向发展。

领导小组下设办公室，办公室负责本省（市）各部门的协调、落实和部署具体的工作，制订下一年的工作计划。云南方面设立在省扶贫办，由省扶贫办主任兼任领导小组办公室主任。而上海方面没有扶贫办则设立上海市人民政府合作交流办公室，为市政府直属机构。沪滇两地领导小组办公室以年度工作例会的形式，共同抓好两省（市）领导决策部署及年度帮扶合作任务落实推进。

最后，在市（区、县）层面，也设立了各自的领导小组。领导小组组长通常由本州分管扶贫的副州长担任，副组长由上海派驻当地的联络组组长和当地扶贫办主任担任，组员则是当地政府各组成部门的负责人。领导小组下设办公室于州扶贫办，州扶贫办主任兼任办公室主任。而上海方面为配合、督促沪滇合作各个项目的开展在云南设立了上海市援滇干部联络组，组长由上海驻昆明办事处主任兼任。为了更深层次实现双边的整合与协作，上海的驻滇干部也会在云南省政府内挂职。如上海驻昆办主任通常兼任云南省扶贫办副主任。联络组下设各州市分小组，组长由上海援滇干部担任，组长通常兼任该州州长助理。每个小组下人数不等，通常和各州下面对口县的数量相关。

2018 年，援滇干部总数达 103 名，面广、线长、人分散，为了进一步适应新形势，加强统筹协调，确保内部运转高效、外部衔接顺畅，组织结构工作方式又进一步完善，立足"省有大组、州有小组、县有干部"的组织架构，秉持"分散不松散、协作促攻坚"的工作理念，形成了"大组抓统筹，小组负总责，干部抓落实"的组织架构和制度规范。建立大组季度例会制度、小组每月例会制度，设立援滇干部微信群，确保有情况立即通气、有信息及时分享、有问题共同商议，提高了工作效率。健全完善制度规范，完善与上海市政府驻昆明办事处、云南省扶贫办帮扶协作处的"三位一体"联动机制，做好前方后方对接和13个州市联络小组的统筹。这样，通过设立各级网络化组织结构的各领导小组，形成了一套中央对地方、地方政府内部、双边地方政府的整合协作机制。

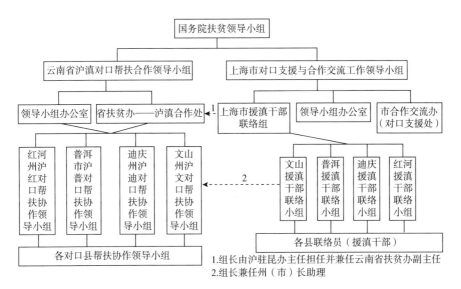

图 4 - 1　沪滇合作组织结构

除了上述中央的制度安排、沪滇合作领导小组、双方高层间的联席会议制度、领导小组办公室等宏观层面的整合机制外（见图 4 - 1），还暗含两项具体落实这些宏观层面意图的工作机制，即结对帮扶和派驻援滇干部制度。这两项制度不但是实现宏观层面整合目标的基础，也是政府实现整合自身之外机制与资源的关键。

（二）结对帮扶

区县结对帮扶和行业对口帮扶两种帮扶方式是沪滇合作的关键抓手。领导小组及其下面的办公室主要负责总体的规划部署、双边沟通协调等宏观工作的管理，而微观上的每个项目的落实则由后面这两个制度盘活。

行业对口帮扶是落实联席会议上教育、民族宗教、民政、人社、农业、卫生、工商联、共青团等部门开展双边协作的具体机制，在联席会上这些对口的行业援助部门之间会以备忘录的形式确定该年度双方的工作重点，之后双方部门再根据此备忘录制定本年度的合作实施方案。以教育行业为例，双方教育部门根据 2013 年 8 月在上海召开的第 14 次沪滇合作联席会议上双方形成的《2014 年上海市教委云南省教育厅合作备忘录》制定了《沪滇教育对口支援 2014 年合作实施方案》，该方案确定了 2014 年双方要开展的主要合作项目为上海国际信托有限公司、上海师范大学教育发展基金会、云南省扶贫办、云南省教育厅四方合作的"金融教育助学计划"，上海师资培训中心、德国汉斯·赛德尔基金会、云南省教育厅三方以职业教育为主的合作计划，云南大学与复旦大学 2014 年具体的合作内容，等等。方案中也规定了沪滇两地教委、教育厅作为此方案实施的组织、协调、指导和监督检查机构，上海教委办公室、云南省教育厅民族教育处是双方具体的联系机构。联系机构负责协调解决各自对口合作交流中的具体问题，并结合实际情况提出具体合作方案和阶段性的合作计划。

双方合作的内容以支教、教师培训、办学管理经验交流、教育理念输出、联合培育为主；从具体合作的项目来看，既涉及双方教育部门之间的合作，也有云南教育部门、地（州）政府，上海职业学校、企业、社会组织的多主体的整合，还有双方高校之间的合作。双方教育部门之间合作的典型是"百校结对帮扶"活动，其中最重要的就是已经持续12年的支教活动。在双方教育部门多年来的努力下，上海18个区100所中小学对口帮扶云南19个贫困县100所中小学，累计派出11批1160名上海教师到云南贫困山区支教，使受援学校的教学、管理等水平逐步得到提高。上海11所中等职校和12所高校分别与云南8个州市11所中等职校、11所高校开展对口交流合作。2013年援建中心小学6所，资助贫困学生424人次。2018年上海市中等职业学校对云南部分州市建档立卡贫困户"两后生"实施对口单独培养和分段式培养兜底招生2000人。受援地区的中职学校、中小学校长及教师也分批赴沪培训与挂职。目前，由沪滇合作项目援建的香格里拉中学无论从教学硬件还是师资力量上都算得上藏区最好的中学。该合作模式是比较传统的政府内部的合作方式，即双边的教育部门运用自身的行政机制以行政命令为主，在各自的行政区划内完成之前分工确立的任务。政府内部除了对同行业部门进行整合，还对其他部门进行整合。如为了促进云南职业学校学生就业，上海市中小企业技术人才引进服务中心与云南省教育厅长期开展滇沪职业学校就业信息网站建设，仅2014年就为云南69所中职学校安装"沪滇就业信息综合发布平台"一体机（每套1万元左右），并提供100万元顶岗实习奖学金。

在教育行业也有与政府外部主体间的合作。在上海市教委牵头下，云南省教育厅、上海师资培训中心、德国汉斯·赛德尔基金会之间的合作及之后在教育部和国务院扶贫办协调之下形成的楚雄州政府与上海电子信息职教集团、德国汉斯·赛德尔基金会之间的合作机制相对丰富。这两项合作起源于1997年，经上海市教委牵线，上海电子工业学校及其合作伙伴德国汉斯·赛德尔基金会与云南省教育厅开展职业教育三方合作。合作的内容为，上海与德国汉斯·赛德尔基金会共同扶持昆明市第二职业中专和蒙自县职业高级中学。汉斯·赛德尔基金提供资金，上海电子工业学校提供场地和培训教师，云南两所学校每年派教师免费去上海电子工业学校培训，同时上海电子工业学校也派出教师到项目学校指导教学。合作几年后，合作内容进一步拓展，培训人员扩展到全省各州市职业教育行政管理干部、中职学校校长、专业课教师。据不完全统计，2000～2013 年，云南省教育厅组织到上海培训和学习的人数达 1748 人（每人两周，食宿和培训免费）。其中职教管理干部和职校校级管理人员 806 人、电工电子等专业教师 942 人。① 参训人员几乎覆盖云南所有中职学校和各州市职教科室。2012 年 12 月 3 日，国务院扶贫开发领导小组在普洱市召开滇西边境片区区域发展扶贫攻坚启动会，会议期间经教育部协调，确定云南滇西 10 个州市人民政府分别与东部 10 个职教集团开展职业教育结对合作。其中，楚雄州人民政府与上海电子信息职教集团结为合作对子（上海电子信息职教集团以上海电子信息职业学院为牵头学校，其前身即上海电子工业学校）。合作内容包括制定职业教育发展规划、联合培训技能型人才、共同促进特色产业发展、联合培养教师、开展深度校企合作等。目前，该项目以一线教师培训和职校管理人员培训为主。如楚雄州组织 5 名教师和 5 名管理干部到德国培训 1 个月，培训费用均由上海电子信息职教集团资助。楚雄州组织 72 名教师到上海培训半个月。落地后费用由集团提供，之前的费用由楚雄方面负担。另外，楚雄州的 10 名职业学校中层管理干部也到上海电子信息职教集团相关学校挂职锻炼，学习发达地区职业学校管理模式。

为实现扶贫扶智，上海复旦大学与云南大学也结成帮扶对子。合作的主要内容为云南大学每年选派教师和干部赴复旦大学进修、锻炼。另外，两校也联合培养本科生，即从 2010 学年起，复旦大学每年接收云

---

① 数据来自云南省教育厅民族教育处。

南大学哲学、汉语言文学、历史学、数学、物理学、化学、生物学等基础学科和新闻传播学、社会工作等社科类学科9个专业共45名大一新生进行联合培养，复旦大学培养期为两年，后两年回到云南大学继续学习，即"2＋2"模式。为了提升云南大学师资队伍水平，提高博士研究生培养质量，复旦大学遴选了云南大学6名高水平的教师聘为复旦大学的兼职博导，参与复旦博士生的指导工作；此外，复旦大学还为云南大学单列定向博士研究生和硕士研究生招生计划。每年接收云南大学推荐的2名定向培养博士研究生。

　　除教育领域外，沪滇双方在医疗卫生事业的帮扶上也展开了深入的协作。两省市卫生部门先后实施了百名学科技术带头人、百项医疗技术的"双百"合作帮扶，在帮扶重点州市分别援建了妇幼保健中心、疾控中心等。"十一五"期间，上海19家三级医院对口援建云南20所县级医院，推进帮扶地区乡镇卫生院标准化建设。对于上海这样的大城市来说，不少三级医院的医疗设备更新换代快，但很多设备对于帮扶地区的乡镇医院来说是非常急需的，通过帮扶结对，不但对口乡镇医院的医疗卫生设施、设备配置得到了补充更新，医护人员的专业技术水平也得到了提高。目前上海对口支援的三级医院达23所，实现对16个州（市）全覆盖，并对云南省有条件创建二级甲等的30所县级医院进行"一对一"重点对口帮扶。截至2013年10月，上海已累计派出8批医疗队共800人次，在当地共开展门诊214885人次、急诊35003人次、手术26746例、会诊及疑难病例讨论19739次，建立特色专科289个，开展新技术、新业务1668项，接收进修培训1011人次，进行义诊46899人，开展学术讲座5967次，进行业务培训79270人次、教学查房17903次、手术示教7032次，设备捐赠折合人民币776.04万元。医疗卫生的有效合作，较好地提升了当地医疗队伍业务水平，使帮扶地区基本医疗保障水平显著提高。

　　据统计，到2018年年底，上海15个区属学校和医院分别结对云南学校 161 所和医院 167 家，选派了 18 批 400 余人次知识分子到云南开展"青年志愿者接力行动"，选拔 800 多名应届大学生、研究生参加服务西部计划；先后选拔 1300 名骨干教师赴滇支教，帮助云南培训教师 10 万多人次；还选拔了 10 位博士专家团到云南高精尖科技领域带领创新创业。上海的大批优秀人才为云南带来了新知识、新技术、新思想、新理念。

结对帮扶的另一项重点是区县结对帮扶制度。区县结对是上海市及下属的 15 个区（县）和云南保山、红河、普洱、迪庆四州市的 28 个贫困县形成结对帮扶关系。在扶贫的实际工作中，所有资源最后的整合都落脚在县的层面。区县直接对接这一制度对于实现双方项目对接、整合相互资源、提高扶贫效率是非常有用的。首先它避免了传统制度层级结构带来的低效，如果按照传统的工作流程必须经过省、市才能到县，并且双边都要走。双方政府这样简政放权，精简了工作环节，避免了工作中不必要的推诿扯皮。其次，区县直接对接保证了项目及资金的准确及时，上海市政府将资金拨付给负责对口支援的区财政局，区财政局将资金直接拨到云南省接受援助县的专户上。这样，避免扶贫资金在省、州两级被截留、挪用。在州一级，上海市专门设置了州级支持项目①，这类项目由上海市政府和云南省直接沟通整合。上海各区除了上海市的财政资金投入，自己每年都会从自身的财政中拿出一笔钱投入相关项目，具体数额每个区的财政状况也有所不同，但通常每年也有四五百万元。

其实区县对接中也包含区县双方各业务部门的结对帮扶，这些部门根据自己的职能特点出力出钱。如上海市金山区结对普洱市江城县。金

---

① 上海对口支援云南的项目从管理的级别上分为两种，一种是下放到区县管理的项目，这种是常见的类型，通常是上海的区和自己结对的贫困县直接对接。另一种是上海市直接管理的项目，这类项目规模和资金数量往往比较大，主要是帮扶云南特困群体的项目，如帮扶怒江贡山县独龙江乡独龙族整乡推进。这类项目就要涉及省、地、县、乡各级政府及相关职能部门。

山区水务局多次组成水利专家组，赴江城县整董镇曼滩村考察调研，为曼滩片区农村环境综合整治工程"号诊把脉"，指导农村环境综合整治工作。专家们对曼滩村污水、垃圾、畜禽粪便收集处理，河道生态系统保护及治理上发现的一些问题，提出了具体的处理意见，在技术上给予了指导，并和当地相关部门分享了上海市在农村污水处理工艺、河道整治、河道管理等方面的先进理念和经验。各区每年也会组织辖区内医院抽调专家组成医疗队，在对口地区开展半年至一年的医疗服务工作，一方面会诊当地的疑难杂症，另一方面提升了当地医疗的技术水平。还有奉贤区援建红河州，实施白玉兰重点村和整村推进项目。在这些项目村都援建了卫生所，派出优秀教师支教，帮助培训教育、卫生、农业技术等各类人员两千多人。其他如双方人事、扶贫、农业、共青团及对口区县等各级各部门积极协作，充分发挥上海劳务市场广阔的优势，努力搭建劳务对接平台，完善用工信息沟通交流机制，积极探索校企对接、订单式培训输出等劳务输出转移的方式，畅通了劳务输出的渠道，为广大贫困地区群众通过劳务产业实现增收致富创造了机会。除此之外双边政府还合力建立培训基地，如文山上海劳动技能培训中心是整合上海市和文山的资金建设起来的劳动技能培训专门场所，由上海市投入帮扶资金600万元、文山壮族苗族自治州自筹资金516万元建设而成。目前，中心培训大楼主楼不但可以作为大型劳动力市场，还配置了各专业培训教室，可同时培训640人。自建成以来，该中心先后与文山州技工学校等学校、企业开展校校、校企合作，共开展技术培训238期，培训学员近2万人，成为当地提高劳动者素质、促进劳务输出产业健康发展的重要基地。

（三）派驻援滇干部

在精准扶贫开展之前，参与东西协作扶贫的多个省（市）中，上海市是唯一派出挂职干部的省（市）。这也是沪滇合作取得成功非常重要的一项制度。派驻干部是党开展工作的一个良好工作方法，在长期的扶贫工作中，向贫困村派驻村干部这一做法也是我国农村扶贫中积累的一个好的经验。大量的驻村干部深入基层，与当地群众同吃同住，在协助当地政府发展经济的同时还充分利用各自工作上带来的优势为当地排忧解难、引进项目和找来不同渠道的捐赠。可以说上海派驻云南的援助干部是实现双边整合的桥梁纽带，在招商引资、整合社会资源方面发挥着穿针引线的作用。

上海的援助干部采取"干部+项目+资金"的模式。上海派出的援滇干部的另一个身份就是项目联络员，联络员有两个来源，一是上海各区熟悉经济的招商局、发改委、交流合作办等部门的工作人员；二是来自上海大型国企如宝钢、光明集团等熟悉市场机制的管理人员。在上海驻昆明办事处（副厅级单位）设立项目联络组，组长由驻昆办主任担任，同时也兼任云南省扶贫办副主任。在州（市）有项目的设立联络小组，组长同时兼任州（市）长助理。联络组的任务一方面要管理好自己带来的项目，另一方面要整合更多的资金。所以援滇干部首先要想办法到云南和上海两地政府去"跑项目"，为自己联系的地区争取更多的资源。

驻滇援助干部除了可以整合管理政府内的资源，也要整合政府外部的资源。驻滇干部往往能促成双方政府、企业的互访。上海每年都会派出200人左右的支教队伍和200人左右的医疗队参与当地的社会事业的建设，援滇干部都参与他们和当地政府的衔接沟通工作。如在文山富宁县开展的小额信贷扶贫项目就是文山联络组的干部积极协调中国扶贫基金会、文山州扶贫办、富宁县政府的果实；联络组也主动将教育、卫生及共青团等各条线派驻的支教、支医人员及志愿者纳入联系服务范围，到目前为止共组织了15批扶贫接力志愿者、13批上海支教团；同时也积极联系上海的企业到对口的县捐赠希望小学，如2013年3月竣工的

"上海三强希望小学"就是通过上海第八批挂职干部牵线搭桥上海三强工程技术有限公司，该公司无偿捐资 50 万元，地方政府和学校自筹 25 万元，总投入 75 万元，拆除重建了教学楼，新建了球场、校门、升旗台、花区等附属设施。

　　周胜春是一位土生土长的上海人，眼镜两旁的脸颊上却映衬着高原人特有的"红二团"。他是从上海闵行区到云南迪庆的援滇干部，迪庆州长助理、援滇迪庆藏族自治州联络小组组长。高寒、缺氧、失眠是所有上海援滇干部要克服的第一关。在这里，走同样的路都需要付出更多的艰辛。有人说，在这种生命的禁区，就是躺着也是做奉献。"缺氧不缺精神"却是这位援滇干部的口头禅，周胜春说作为一名援滇干部，应该时刻谨记自己的使命，作为一名分管扶贫帮扶的州长助理要明白自己肩头所担负的责任。他在到岗后两天就带着极其强烈的生理反应开始调研迪庆扶贫情况，他查阅资料、与当地干部群众学习交流深入了解迪庆贫困群体"急难愁盼"的问题。他通过调研认为小中甸的整村推进、云林乡的生态移民、迪庆藏医院能力建设三个项目是亟须处理的民生、民本项目，于是他带领整个上海援滇干部组分别为这三个项目争取项目资金 600 万元、950 万元、900 万元。为了推动当地的产业发展，他与同事们一方面整合上海各区政府援助的 200 万元扶持维西县塔城镇种植药材、烤烟等经济作物，另一方面积极与上海市莘庄工业园区、上海知名生物医药企业对接联系，促成这些企业来当地考察生物资源的产业化、产品深加工合作。另外，在他的建议下，上海闵行区设立了专项资金，对香格里拉缺乏发展资金的集体企业探索试点贴息贷款项目。除了对市场力量的整合，他也把目光投向了社会，他多次邀请云南社会科学院的专家进村入户召开座谈会，为安居工程、产业支撑、土地流转、生态环境与保护、微型公共设施、村庄长效管理、精神文化生活等方面提供咨询与规划建议。周胜春还充当群众利益的代言人，他在平时工作中就很重视群众的诉求，做到及时回应。如香格里拉二中提出的校园安防问题、虎跳峡镇提出的镇区亮化问题，他都积极协调有关部门并督促解决。他和同事们利用自己上海的关系在回沪探亲期间还为对口地区奔走，在 2013、2014 两年共为迪庆争取了计划外的援助资金 2000 多万元，为迪庆的扶贫开发事业注入了宝贵的资源。在 2013 年迪庆"8.28"地震后，他迅速向上海方面汇报争取了闵行区捐款 100 万元；2014 年香格里拉独克宗古城火灾后，他又争取了闵行区捐款 100 万元。另外，他还促成了上海闵行区教育局援建香格里拉一中远程教育系统，让上海优质的教育资源更多地惠及贫困地区的藏族孩子。①

在普洱景东无量山野的贫困农家、乡村学校、田间地头、村组山路，时常可以看到一位与人笑语交谈、和蔼可亲，讲一口流利普通话，长得微胖，中等个头的男同志，人们都亲切地称他为"宋（送）小康"。他就是上海市金山区援滇干部，景东县委常委、副县长宋杰。在宋杰的家庭里，他属于援滇小字辈。他的父亲曾任金山区协作交流办主任，早年经常奔走普洱上海两地推进沪滇帮扶工作，他的妻子曾以上海医疗专家志愿者的身份在普洱市人民医院进行了为期半年的智力帮扶，协助创建了"普洱市人民医院全科医学科"。在父亲和妻子的影响下，2017 年 9 月，当听闻上海市金山区将挑选 3 名干部作为第十批上海援滇干部赴云南开展为期两年的沪滇扶贫协作工作时，宋杰主动报请援滇并终成行，可谓"一家两代三口沪滇普洱情"。"你无法延长生命的长度，却可以拓展它的宽

---

① 根据笔者在上海驻昆明办事处的访谈记录整理。

度。"谈及赴滇工作，宋杰常会把这句话挂在嘴边，他非常珍惜这次难得的赴滇工作的机会。从小生长在平原都市的宋杰对山区农村工作的了解十分有限，没有基层工作经验的他，得摸着石头过河。为了尽快熟悉景东情况，摸清景东家底，了解普洱景东急需什么，上海金山能做什么，宋杰每天"晨出不见日东方，晚归常伴月西窗"，在不到两个月的时间里，他跑遍了景东的 13 个乡（镇）和很多自然村。景东 95.5% 是山区，乡镇分布广阔，山路十八弯，从县城到最远的乡（镇）乘车需 5 个多小时，路面崎岖不平，还有不少盘山弯道，就算坐车也是一件非常辛苦的事，风吹日晒的他皮肤黝黑，时常尘土满头。如果不是那口标准的普通话，大家还真当他是景东的当地干部呢！①

根据上海组织部统计，自中央第三次西藏工作座谈会以来，上海已先后选派 36 批 940 多名对口支援干部。在沪滇合作中，1996～2014 年这十八年来，上海先后向云南选派了 9 批 244 名挂职干部。② 2018 年，上海市有关部门和 15 个区 410 人次深入云南省贫困地区调研对接，召开联席会议 101 次；云南省 13 个州（市）和 74 个贫困县的主要领导也相继到上海市互访交流。援滇干部充分发挥了桥梁纽带和穿针引线作用，促进沪滇两地交流与合作；发挥了交流沟通作用，使对口地区党委政府决策更加科学化；其发挥的宣传推介作用，促进了云南对外知名度不断提升；发挥协调动员作用，整合了更多的资金、技术、人才、项目、信息等向帮扶地区转移，为沪滇合作交流做出了巨大贡献，是沪滇合作实现整合的关键所在。

---

① 上海市人民政府合作交流办公室，http://xzb.sh.gov.cn/node2/node4/n1260/n1262/n1306/n1314/u1ai111612.html，最后访问日期：2019 年 2 月 1 日。

② 数据根据内部资料《援滇信息》整理。

沪滇合作20多年来，云南也先后选派了300多名干部到上海挂职锻炼，并且每年还派出大量基层干部和专业技术人员到上海参加培训学习。20多年来，上海累计帮助云南培训各级党政干部和技术人员超过10万人次。

在沪滇合作的整个过程中政府仍然发挥着主导作用。沪滇相距千里，双方没有相互援助的法定义务。如果没有党的"共同富裕""两个大局"的执政理念，没有政府的引导和支持，这样大规模、长时期的地方政府间的援助是不可能发生的。另外，中国相互帮助、一方有难八方支援的传统慈善文化和上海与云南两地人民之间的感情也是重要的力量。我们在对上海驻昆办负责人的访谈中得知，在东西扶贫协作帮扶政策制定之初，上海与云南是主动提出进行对口帮扶的。从20世纪50年代的青年知识分子上山下乡运动开始，上海和云南人就结下了深厚的友谊，因此两家合作有感情基础作为铺垫。访谈中，驻昆办负责人也曾介绍，大量主动来云南支教、参加医疗队的志愿者是曾经把青春献给云南的知青，或是听着他们故事长大的后代。总之，这些积极参与援助的群众都与云南有着这样或那样的情感联系。

沪滇合作多年来，坚持广泛动员社会力量参与的原则，将上海温度转化成推进脱贫攻坚的强大合力。2018年共有12家社会组织和企业申报了资助资金。举办"摆脱贫困有你有我"大型社会帮扶系列活动，开展"上海公益伙伴日"主题活动，取得了很好的社会反响。国家民政部"东西部手牵手"活动已经组织了两批。第一批"牵手计划"启动后，已有5家上海市社工机构对口帮扶云南省贫困地区的5家社工机构，针对云南省贫困地区留守妇女、留守儿童、困境老人、易地搬迁社区等实施了一系列服务项目。第二批"牵手计划"的15家社工机构加入后，上海市20家社工机构持续开展服务到2020年，通过驻点服务、实时督导、链接资源等方式，帮助云南社工机构实施至少20个服务项目，培养至少 60 名社工人才，并积极探索建立符合贫困地区特点的社会工作助力脱贫攻坚和壮大基层民政力量的有效模式，服务面覆盖云南 14 个州（市）。①另外上海老龄委"云海银晖"项目以及各区协同各州市发起的"爱传递——再生电脑教室""隐形的翅膀""爱心传递、浦江接力""云间助学基金""手拉手点亮微心愿"等活动也得到社会广泛认可。萤火虫团队长期资助贫困家庭学生，创始人张华军获得 2018 云南省社会扶贫模范荣誉。携手东方卫视共办"精准扶贫——我们在行动"真人秀公益节目，营造了人人愿为、人人可为、人人能为的良好氛围。突出精准帮扶。引导社会力量向深度贫困县、贫困乡镇和贫困村倾斜，向建档立卡贫困户倾斜，因户因人施策，开展帮扶。浦东新区发动 83 家社会团体和爱心企业，向大理贫困地区捐款捐物折资 1000 余万元。麻栗坡县在以往因战伤残人员安装假肢的基础上，整合各方资源，实施参保、无障碍改造和弹片取出手术，受到社会各界好评。

二　独龙族整族帮扶——沪滇合作中的政府内部整合

在沪滇合作的诸多项目中整村推进是最能体现政府内部整合的项目，这里面既有发达地区上海内部的整合、有云南自身内部全面整合，也有双边的共同协作整合。沪滇合作结对帮扶共实施整村推进新农村建设项目 3264 个，受援地区贫困山村发生了翻天覆地的变化。

沪滇合作的独龙族整族帮扶项目多是对云南边远特困群体帮扶的案例。云南是一个多民族的边疆地区，许多少数民族都是从原始社会直接跨进社会主义社会的"直过"民族。他们多居住在边境的大山

---

① 参见 http://www.sohu.com/a/z778/1639_280188，最后访问日期：2019 年 2 月 1 日。

里，不少人至今仍过着刀耕火种的生活。全民族的共同发展，关系到
中华民族的伟大复兴，是党和政府重要的政治责任和义不容辞的历史
使命；关系到民族政策的贯彻落实，"消除贫困、实现共同富裕，是
社会主义制度的本质要求，"① 也是"决不让一个兄弟民族掉队"的客
观需要。党的十七大以来，民族地区的发展被放在了更加突出的位置，
先后出台了一系列政策措施。党的十七大提出："加大对革命老区、
民族地区、边疆地区、贫困地区发展扶持力度。"党和国家的领导人
也对独龙族发展的问题有过一系列的指示和讲话。因此，2010 年云南
举全省之力结合上海帮扶资金开展了对独龙族的整族帮扶，即独龙江
乡整乡推进独龙族整族帮扶工程。计划用五年的时间，使独龙族整族
脱贫。除了政府重视程度高、参与的政府部门众多外，在资金投入的
规模与整合的方式、组织动员的规模方面在云南扶贫中都具有代表性。

独龙江乡隶属云南怒江自治州贡山独龙族怒族自治县，地处中缅、
滇藏结合部，是典型的边疆民族贫困地区、社会形态直过地区、跨境而
居民族地区、多民族多宗教多元文化地区，是全国唯一的独龙族聚居
区。由于世世代代居住在横断山脉西部，独龙江乡基础设施建设滞后、
社会发育程度低，仍然是一个集边境、民族、山区、贫穷、落后为一体
的封闭、半封闭小区域，也是云南人口较少民族中经济社会发展最为滞
后的一个民族，人口仅 4500 余人。要帮扶独龙族发展不但涉及基础设
施建设、群众综合素质的提升、产业的可持续发展、环境保护等方方面
面 32 个政府部门，而且资金需求量巨大，仅改造提升独龙江公路一项
就预计需要资金 5000 多万元。因此，政府除了全面整合各方面的资源
别无他法。

为了充分整合政府内的资源，云南省委、云南省人民政府召开独龙

---

① 参见《中国农村扶贫开发纲要（2001—2010 年）》。

江乡整乡推进独龙族整族帮扶专题会议，先后出台了《关于独龙江乡整乡推进独龙族整族帮扶三年行动计划的实施意见》和《中共云南省委办公厅云南省人民政府办公厅关于印发〈2013—2014 年独龙江乡整乡推进独龙族整族帮扶实施方案〉的通知》，制订了独龙江乡整乡推进独龙族整族帮扶综合发展五年规划三年行动计划。成立了由省直 32 个政府部门和企业组成的独龙江乡整乡推进独龙族整族帮扶综合开发统筹协调小组，协调小组办公室设在省扶贫办。办公室主任由省扶贫办副主任戚蓓蕾兼任。怒江州、县分别成立独龙江乡整乡推进独龙族整族帮扶领导小组，成立独龙江工作队长期驻村入户、一线帮扶，乡、村两级组织 625 人成立扶贫攻坚突击队。还广泛整合社会资源，掀起了"自己的家园自己建，自己的家业自己创"的热潮。

帮扶工程整体上分为两步，第一步以实施独龙江公路改建、安居工程、产业发展、社会事业、群众素质提高、生态环境质量六大帮扶工程为主，用三年时间发展特色生态民族旅游业产业体系，第二步是为期两年的巩固提升帮扶成果阶段，以建立可持续脱贫致富长效机制为主。到笔者调研时第一阶段已基本完成，工程计划筹集资金 95766.56 万元，其中第一阶段计划筹资 86189.6 万元，第二阶段计划筹资 9576.96 万元。通过上述整合机制，截至 2013 年年底，省直各部门协调安排项目资金 11.14 亿元，实际落实到位资金 10.8 亿元。项目累计完成投资 10.42 亿元，其中上海市投入帮扶资金 7600 万元，超上海市原计划投资 52%。[①]

该案例最明显的一个特点就是高层强力整合，横向部门协同攻坚。独龙江乡整乡推进独龙族整族帮扶项目，中央有国家领导亲自批示，地方省级领导带队多次调研视察，亲自督战并促使全省 32 个政府部门参

---

① 数据来源：《云南省独龙江乡整乡推进独龙族整族帮扶综合开发统筹协调小组办公室关于呈报 2013 年度独龙江乡整乡推进独龙族整族帮扶工作总结的报告》。

与独龙江乡的整乡推进工作中来。云南省委书记李纪恒先后 5 次深入独龙江乡调研。高层领导的推动保证了整个工程中各个部门相互协同，密切配合，各有侧重。如扶贫部门帮扶到村，发改部门支持到村，财政部门资金落实到村，交通运输部门道路建设到村，教育部门办学到村，科技部门科技服务到村，住房城乡建设部门安居建设到村，水利、农林、旅游、卫生、广电、人力资源社会保障、商务等政府部门都有任务分工；大型国企如电力、邮电、烟草、各大银行也在整合的范围内；党委部门也有任务分配，如宣传文化部门乡风文明树造到村，政法部门平安创建到村。这样最终形成纵向高位强势推进、横向部门协同攻坚的做法。

另一特点就是政府主导，充分整合双边政府内外。整个工程从始至终都是政府主导，整合项目资金、整合多方力量。在农村扶贫中，往往各部门投入建设资金不少，但容易有项目分散、规模不大、效果不佳的情况，还不可避免重复建设。而在独龙江乡整乡推进中，项目资金以上海市帮扶独龙江的有限资金为支点撬动了中央及全省 32 个部门参与独龙江乡的整乡推进工作。除了主动向中央申请财政专项资金，还和上海积极沟通协调，最终上海市投入帮扶资金 7600 万元，超上海市原计划投资 52%，实现了资金整合、项目拼盘、综合建设、整体推进。

此外，还有一个特点是充分带动社会力量参与，如云南青基会目前已经筹集多笔善款，在独龙江实施了希望小学建设、资助学生、修建桥梁等多个公益项目。如姚明表示有在云南贫困山区建立希望小学的意愿后，云南省青基会工作人员有意引导，希望借助姚明的影响吸引更多外界的目光关注独龙江乡的发展。姚明向云南省青基会捐款 300 万元建立独龙江乡姚基金希望小学。另外省团委组织的徒步独龙江活动也给很多志愿者和公众留下了深刻的印象，大力宣传了当地的人文地理风貌，为当地旅游业发展添砖加瓦。另外，政府通过共青团云南省委、云南省独龙江乡整乡推进独龙族整族帮扶综合开发统筹协调小组办公室实施志愿接力计划也实现了对社会资源的整合。志愿接力计划是从 2011 年 9 月后的 3 年内共招募 100 名志愿者,分期分批赴独龙江服务,服务岗位包括规划设计、工程管理、基础教育、医疗卫生、农业科技、基层社会管理、青少年工作等。项目具体由团省委志工部负责,独龙江乡整乡推进独龙族整族帮扶助贫助困志愿服务期间的重点放在驻村帮助开展村容村貌整治、劳动技能培训、文明生活培训、实施种养殖业和旅游服务业、完善农村公益设施管理等工作。如 2014 年招募的第四批 48 名独龙江乡帮扶志愿接力计划志愿者将采取 2 人 1 组共驻 1 村的方式。每批驻村志愿者总数为 12 人,每 3 个月轮换新的 12 名志愿者接力驻村帮扶工作,一年分四批轮换服务。

除了整合社会组织参与工程的建设,还充分整合专家学者的力量做到科学决策。在总体规划和各级规划的制定和审核上,党委政府通过适时召开帮扶工作专题会议、一线调研等方式掌握情况;聘请高资质的单位机构进行规划设计,规划出来后广泛在省州县乡四级征求专家学者意见,考虑到独龙族特有的民族文化传统,在规划中尤其重视独龙族学者、当地政府及独龙族群众的意见,将不同代表的意见吸收到规划中,确保帮扶工作经得起人民、社会、历史的考验。

在独龙族整族脱贫的案例中,习近平总书记对独龙族的关注也尤为重要。自 2015 年 1 月,习近平在云南考察时就十分关注独龙族的发展,在紧张的行程中特地接见了 7 位独龙族的干部和群众。2018 年,独龙江乡 6 个行政村整体脱贫,独龙族实现整族脱贫,当地群众委托乡党委给习近平总书记写信,汇报独龙族实现整族脱贫的喜讯。2019 年 4 月 10 日,习近平给乡亲们回信,祝贺独龙族实现整族脱贫。在信里,习近平说:"让各族群众都过上好日子,是我一直以来的心愿,也是我们共同奋斗的目标。新中国成立后,独龙族告别了刀耕火种的原始生活。进入新时代,独龙族摆脱了长期存在的贫困状况。这生动说明,有党的坚强领导,有广大人民群众的团结奋斗，人民追求幸福生活的梦想一定能够实现。"①

表4-3　独龙族整乡推进项目整合方案

项目名称	项目内容	资金整合情况（万元）	负责部门
安居温饱工程	1. 安居房建设：建设安居房1015户，其中：集中重建9个村478户，就地改建22个村537户。	省住建2030，省扶贫1816，省发改1200，沪滇帮扶2000	省扶贫办牵头配合部门：省发展改革委、省住房城乡建设厅、省国土资源厅、省民委
	2. 实施31个自然村整村推进。	省扶贫1050，省民委550，沪滇帮扶1500	
	3. 基本农田建设：建设基本农田5000亩。	省国土1500	
基础设施工程	1. 交通：改造独龙江公路96公里，改造乡村公路90公里，新建人马吊桥4座，新建孔当客运站。	交通厅会同发展改革委申请中央补助和省本级专项资金安排56267、团省委50	牵头部门：省发展改革委；配合部门：省交通运输厅、省住建厅、省水利厅、省民委、省广电局、省能源局、省金融办、省邮政局、省旅游局、团省委、云南电信、云南移动、云南联通公司
	2. 水利：新建、防渗加固农田水利设施20件，改造和新建农村安全饮水工程29件，治理木切尔河独龙江段。	省水利厅3098	
	3. 电力：新建1万千伏输电线路120km，400v低压线路80公里，配变压器31台，一户一表690户，新建50KW微型电站4座。	省能源局3176	
	4. 邮政通讯：新建乡级邮政所，移动基站载频扩容，架设固定及宽带网络、建设3G网络，架设移动通信广播电视光缆80公里。	省邮政局80，省移动250，省电信140，省广电局140	
	5. 旅游小镇：新建日供水量400立方米供水厂，架设供水管网4千米；新建日处理300立方米污水处理厂，架设污水管网5千米；新建日处理5吨垃圾处理厂1座及附属设施；新建公共厕所2座；续建集镇道路800米，水沟、挡墙等附属设施，	省住建厅1835，省金融办140，省民委350	

① 《习近平与独龙族的故事》，中国新闻网，http://www.chinanews.com/gn/2019/04-11/8806632.shtml，最后访问日期：2019年5月12日。

项目名称	项目内容	资金整合情况（万元）	负责部门
产业发展工程	1. 旅游业：新建独龙族博物馆，建设 5 个民族文化旅游特色村。	省旅游局 800，沪滇帮扶 1500	旅游业发展工程牵头部门：省旅游局；配合部门：省住房城乡建设厅
	2. 种养业：新建草果基地 10000 亩，管抚已种植的草果 20000 亩，种植核桃、董仲、花椒 10000 亩，建设大棚蔬菜 50 亩，农作物良种推广 9000 亩；发展独龙牛养殖 800 头，生猪养殖 3000 头，独龙鸡养殖 50000 只，中蜂养殖 400 箱。	省财政厅 1500，省农业厅 250，省林业厅 250，省科技厅 157	种养业发展工程牵头部门：省农业厅；配合部门：省林业厅、省科技厅。
社会事业发展工程	1. 教育：新建教学楼 2000 平方米，学生宿舍 1500 平方米，多媒体教室 12 间，食堂 300 平方米，幼儿园 1 座，教师周转房。	省教育厅 680，团省委 250，省住房城乡建设厅 210	省教育厅牵头团省委，省住房城乡建设厅配合
	2. 文化事业：新建独龙族博物馆，完善乡文化站和 6 个行政村文化室配备设施。	省民委 300，省民委 100	省民委，省民委
	3. 卫生事业：新建乡卫生院门诊及医技综合楼，改造 5 个行政村卫生室。	省卫生厅 190	省卫生厅
	4. 广播电视：新建 $2 \times 300W$ 调频广播，$3 \times 300W$ 电视发射台，村一级 10w 调频 6 套。	省广电局 295	省广电局
	5. 农村养老：新建农村敬老院一所。	省民政厅 150	省民政厅
素质提高工程	1. 技能培训：农业实用技术培训 5000 人次，乡土旅游人才培训 100 人次，劳动力转移培训 1000 人次。	省人力资源社会保障厅 88，扶贫办 150	省人社厅牵头，部省教育厅、省卫生厅、省农业厅、省扶贫办、省科技厅配合
	2. 职业培训：教师培训 100 人次，乡村医生培训 40 人次，农业科技和管理人员培训 50 人次。	省教育厅 50，省卫生厅 20，省农业厅 25	

项目名称	项目内容	资金整合情况（万元）	负责部门
生态环境保护工程	1. 天然林保护：新增封山育林 3 万亩。	省林业厅 230	省林业厅牵头，省发展改革委、省环保厅配合
	2. 巩固退耕还林成果：建设薪炭林 11000 亩，补植补造 5000 亩。	省林业厅 157	
	3. 农村能源建设：建设节柴灶 1015 眼，沼气 100 户。	省林业厅 70.6	

资料来源：根据《2013—2014 年独龙江乡整乡推进独龙族整族帮扶实施方案》整理。

三　产业扶贫——沪滇合作中政府对市场主体的整合

在中国的农村扶贫中"一体两翼"是非常重要的一个扶贫战略。培训促进劳动力转移就是对贫困农民从事非农产业进行相应培训使之具备从事农业之外产业所需的技能。扶贫龙头企业是指以农产品加工或流通为主业或以贫困地区劳动力就业为主体的通过各种利益联结机制带动贫困农户进入市场、促进贫困地区产业和就业结构调整、在规模和经营指标上达到一定标准的企业。实际上"两翼"才是使贫困农民具有自我造血能力实现自我可持续发展的重要手段。

"两翼"战略可谓两条腿走路。一是从事非农产业，这主要靠劳动力转移培训来实现。二是调整产业结构，发展经济作物、畜牧业和农产品加工业，或是转向第三产业，如独龙族整族推进在实施完基础设施建设后就依靠发展旅游业来增加收入。而产业化的扶贫有三大好处。一是是增加农民收入的长远之策。二是可有效促进贫困地区产业结构调整，培育区域性支柱产业。三是可以推动贫困地区市场化、工业化、城镇化的进程。可见，产业扶贫是真正实现贫困地区可持续发展的重中之重，其优点是劳动力转移所不能实现的。

因此产业扶贫也是沪滇合作中的一项重要内容，要真正发展农业产业就要遵循市场规律，产业扶贫必须以企业为主体。企业是市场经济的主要活动者，企业在帮助贫困群体融入市场方面比其他任何主体都具有天然的优势；并且企业与贫困群体的利益联结一旦建立，企业追求效率与获利的本性必然使其扶贫行为具有持久性和效率性。但是资本的效率性首先不容易使其向贫困地区流动；其次农民作为弱势群体缺乏集体行动的能力，难以形成有效的整体保护自身的利益。因此，产业扶贫仍然需要政府主动整合市场机制和市场资源，甚至要结合社会机制使农民有效地组织起来。沪滇合作中光明集团在云南开发石斛种植的产业扶贫项目正好诠释了上述整合。

政府为了实现对市场主体及市场机制的整合，从中央到地方出台了一系列相应的政策。中央宏观层面，早在"八七扶贫攻坚计划"时，政府就出台了财政税收的优惠政策，在老少边穷地区新办企业，所得税在3年内先征后返或部分返还。《中国农村扶贫开发纲要（2001—2010年）》将产业扶贫作为专项扶贫工作的一个重点，随后中央的政策也明确指出，一是要对国家扶贫龙头企业的资格认证规范管理，二是对认证的国家扶贫龙头企业开发提供优惠支持。在中央的政策支持下，为了吸引企业积极参与沪滇合作，上海出台了《上海市对口支援与合作交流专项资金资助企业投资项目实施细则》，规定参与上海对口支援的本地企业最高可获得300万元的资助。云南方面也出台了《云南省财政扶贫资金产业项目管理暂行办法》，符合条件的单个企业也可最高获得100万元的补助。《云南农村扶贫开发条例》中也有类似要求相关部门出台相应的扶贫帮扶措施的规定，如"财政、税务等有关部门应当依法执行税费减免政策，鼓励和支持民营企业、民间组织和个人到贫困地区开展各种扶贫活动。县级以上人民政府对农村扶贫开发项目的建设用地给予优先保障"。

　　在上述优惠政策吸引下，加上上海市政府的动员和援滇干部的牵线搭桥，上海光明集团多次到云南调研考察产业扶贫项目。

　　经过多次考察论证，最终锁定在石斛种植开发项目上。石斛，又名万丈须，是中国历史最悠久的中药养生品之一，铁皮石斛药用价值高，市场需求旺盛。乐观的市场前景与丰厚的投资回报加上云南得天独厚的种植条件深深地激发了光明集团的投资意向。2010 年 1 月，在沪滇双方的共同努力下，由光明集团注资 5000 万元成立了光明食品集团云南石斛生物科技开发有限公司。公司集生物医药技术和生物保健品研究、开发、生产、经营于一体，主营铁皮石斛种苗组培、推广种植、产品研发加工及销售。

　　建立农户与企业的利益合作机制仍是整个项目的关键环节，企业和农户之间若能建立起一个稳定的利益联结机制，双方的利益都能得到保障。双方可以相互监督，矛盾和违约情况都能在内部采用市场的方式得以解决，这样政府干预与监督的压力就小得多。在沪滇合作领导小组办公室的主导下该项目采取"公司 + 基地 + 合作社（农户）"运作模式，由云南光明石斛提供优良苗种及技术支持，提供种植技术服务以及技术培训。政府出资并负责基地的基础设施建设，基地的建设费用由上海驻滇联络组协助云南方面向上海申请（如版纳 100 万元、普洱 310 万元）。当地政府负责基地建设的动员、协调、监督等具体工作。基地建成后所有权属于合作社（农户），但交给企业经营 6 年，企业负责后期的技术、设备及日常周转的资金投入。6 年内经营权归云南光明石斛独立行使，收益与农户或合作社进行分配。公司接受社会全面审计，并承诺，每 100 万元每年保底收益 5 万元，原料优先收购。公司负责对示范园区内农户进行技术培训。

　　在"公司 + 基地 + 合作社（农户）"运作模式中，首先实力雄厚的大集团运营弥补了农户直接面对市场能力、技术方面的不足，最大限度地规避了市场风险。其次，政府负责建设基地免去了企业、农户在资金、征地等诸方面的麻烦。再次，由于政府的介入和公开的审计，农户可以有保障地分享公司的利润，并能就地增加土地、劳务等收入。概括而言，光明集团与云南贫困地区农民结合成为较为紧密的共同体，光明生物掌握着市场和技术，农户拥有劳动力和土地；公司负责基地园区的市场化运作，掌握着实际的经营权，当地农户共同拥有基地的所有权，在种植加工石斛的产业中实现了相互的整合。这种模式下的产业扶贫，通过行政机制的主导形成第一步的联结，再由市场机制以合同契约的形式连接起了扶贫参与主体和扶助对象，使主体间的联结更加稳固。最后，利益的相互满足又避免了契约约束力的不足问题，该种联结具有长久的生命力并能有效地提升贫困地区的自我发展能力。

项目首先在西双版纳州试点，如今红河、普洱、文山均开展了光明石斛种植示范园项目。如西双版纳州勐海示范园，总投资 1.8 亿元人民币，形成了以铁皮石斛中药材为主的种苗、鲜条、保健产品深加工、销售一条龙的专业公司。公司现有员工 500 多人，百分之九十五的员工是云南省贫困地区的农民，公司人均月工资约 2600 元，产业的发展为当地创造了更多的就业机会。成立 3 年来，先后直接扶植当地失地农户 200 多户，利用宅前屋后和自留地种植铁皮石斛，并按市场价回收，大部分农户和合作社 2 年已收回投资成本。因为铁皮石斛是一次种植，可连续采收 5 年，因此 2012 年大部分农户已开始盈利。例如，西双版纳州勐海县曼尾村的农民除了每年每亩 1 千元的土地租金收入外（一家农户一般有 10 亩地，全年 1 万元），每家至少还有 2 个人在公司上班，大部分是女性，年轻的在组培室，中年的在种植部，年龄大的在洗瓶车间。按每人每年 25000 元计算，一家上班收入至少有 5 万元，男人仅在公司做临时工收入也不会低于 2 万元。当地农户三项收入相加，每户人家平均每年收入不会低于 7 万元。因此勐海县曼尾村的农户是家家盖新房、家家买新车。2010～2014 年，公司已带动全省 3000 多户种植户种植铁皮石斛近 3000 亩，植株长势良好，成活率在 98% 以上，亩产值达 15 万元以上，产生了良好的经济效益，这使得农户种植石斛的积极性和信心大大提高。

除了光明集团开发石斛的项目，政府也利用多种市场和社会机制开展产业扶贫。如援滇干部主动为当地特色农产品企业联系上海知名采购经营商、专业采购商、代理商等，建立了长期稳定的产销合作机制。双边政府也合作在上海举办不同形式的产品推介会，共同搭建特色农产品经销平台。如与上海东方网合作开通"捷手"网，以电子商务和团购方式，帮助受援地区特色农产品进入上海消费者家庭，改造建设冷库，并与有关物流企业合作，建立了电子商务、冷链、配送一条龙的服务。上海西郊国际农产品展示直销中心云南馆运行顺利，使普洱茶、石榴、核桃、天麻、三七等特色农产品畅销上海市场。高层领导还运用自身的权威，动员一些有投资意向的国有、民营大企业（集团）组成上海企业家代表团赴昆明、保山、西双版纳等州（市）进行投资考察洽谈合作，实地考察了空港经济区、保山工贸园区等重点园区，促成中国 500 强企业之一的绿地集团、上海绿亮集团有限公司等一批上海大企业（集团）在滇投资合作意向，部分企业已进入云南。

在本案例中政府的主导作用无所不在。首先，中央和省的宏观优惠政策使企业看到了有利可图的契机。其次，政府的行政权威发挥的动员能力对于中国的企业来说往往也是其行动的一个重要因素。特别对于国有企业来说，这种动员都会内化成为企业自身的责任和任务，如上海光明集团和宝钢集团都参与了定点扶贫，并向云南派出了援助干部。再次，地方政府提供的多项目服务也是项目成功的重要保障。如在产业扶贫案例中，前期的项目调研论证、设计、规划等阶段双方政府共同参与；地方政府也提供财政专项资金扶持龙头企业；政府出面平整土地动员群众积极参与。在其他扶贫项目中还能看到为扶贫企业争取扶贫贴息贷款；为企业与科研企业牵线搭桥，为农业项目提供技术支持；促成扶贫企业从金融机构贷款；帮助企业征地并协调与农户的关系；等等。政府通过这种主导性实现了对市场的充分整合，利用市场机制帮助企业和农民建立了稳定合作，也利用社会机制组织农民形成一个有力的集体，面对强大的企业能够维护自己的利益。促成这种整合的最主要因素一方面是政府的权威，另一方面则是利益满足。如光明集团更看重的是石斛开发广阔的市场前景以及政府直接的补贴、基地建设的便利、税收等优惠措施带来的资本回报。

四　金融教育助学——沪滇合作中政府对多元主体的整合

"公司＋基地＋合作社（农户）"的整合模式是比较传统的整合模式，或许会认为这是一种全国比较普遍的模式，其并不是沪滇合作的首创。那么在沪滇合作刚开始时的"金融扶贫教育助学信托计划"则完全是沪滇合作的首创，并且在这个案例中展现了政府行政机制的权威性、市场的融资运作能力、社会的灵活专业性以及充分融合了各方优势的特点，是典型的政府、市场、社会组织三方共治的案例。

上海国际信托有限公司作为国有控股的上海企业，和光明集团一样是沪滇合作中上海市政府动员的对象之一，公司也十分重视自身企业社会责任的履行。因此，在沪滇合作的大背景下，公司近年来一直把扶持西部地区，尤其是云南地区的教育事业作为实现社会责任的重点。公司党委领导对援建工作非常重视和关心。据了解，公司党委书记、董事长潘卫东曾担任浦发银行昆明支行的行长，在云南工作过多年，对云南有着深厚的感情。这份感情纽带使他在立项之初亲自带队赴边远贫困地区考察，了解当地经济和教育发展情况，感受贫困乡镇对改善教育的迫切希望。在比选考察后亲自敲定与上海市青少年发展基金会合作建校。公司主动向上海青少年发展基金会捐助 80 万元，在云南援建 2 所希望小学。后来在上海合作交流办的牵头下，上海信托公司与云南扶贫办、上海市青少年发展基金会达成合作意向，并分别举行签约仪式以建立长期战略合作关系。公司承诺在学校落成后，还将持续开展多元化的系列帮困结对活动。在后期项目建设过程中潘卫东也不断过问工程进展。公司捐建的大理州巍山县庙街镇上海信托希望小学已于 2013 年年底竣工，现已投入使用；南涧县宝华镇上海信托希望小学也于 2014 年年底竣工，也投入了使用。在这个过程中，公司也积极响应政府和青基会的其他援助活动。如大理剑川县金华镇新仁村是云南省扶贫办副主任戚蓓蕾和上海市驻昆明办事处主任孔令军的挂钩联系点，他俩在驻村入户调研中，了解到新仁完小在多功能综合楼建设中缺口资金达 34 万元，为切实帮助解决缺口资金的问题，保证工程的正常实施，他们主动联系上海信托争取公司的支持，潘卫东董事长再次应邀亲自考察，决定上海信托为金华镇新仁完小捐赠 40 万元及价值 27149 元的 1132 本图书。2013 年是沪滇合作青年志愿者服务接力计划实施 15 周年。为纪念这一特殊的年份，同时也为了积极支援云南人民抗旱，共青团上海市委、上海市青少年发展基金会发起组织了"支持云南共青团希望水窖'1 + X'公益活动，帮助援建共青团希望水窖"大型筹款活动。作为和青基会对口的援助云南的战略合作伙伴，上海信托又积极响应，向洱源县炼铁乡捐款 30 万元，建成"共青团希望水窖"100 多口。

公司持续的"扶贫帮困献爱心"工作得到了行业监管部门的普遍好评，公司党委荣获"上海金融系统创先争优先进基层党组织"称号。但是上海信托并没满足已有的成绩，停下扶持的步伐。董事长潘卫东认为，"过去云南的公益项目虽然取得了一些成绩，但力度还要加大，过去的援助方式还有些被动。要结合公司信托的专业特点，发挥自身的优势主动参与进去，更好地援助云南贫困地区的教育事业"。① 在公司领导的推动下，上海信托又设计并发起了"上海信托'上善'系列云南地区金融扶贫教育助学信托计划"。该计划旨在通过募集更多社会资本，通过社会专业组织的运作，资助云南贫困地区的中小学教师来上海参加培训，以支持云南贫困地区教育事业的发展。该项目的整体设计和发起由上海信托完成，选择了上海师范大学教育发展基金会、云南省扶贫办、云南省教育厅三方为合作对象。项目最大的特点和优势为，充分发挥了四方在投资管理、公益项目运作、受助人员选拔和政策支持方面的优势，将市场的融资与信托管理机制充分整合。

四方具体的优势和职责如下。

第一，上海信托既是整个项目的发起设计方，又是上善信托计划的受托人和信托资金主要认购方。作为项目的发起方，上海信托要负责项目的设计，然后根据项目的具体目的选择合作对象。上海信托首先要确定项目的发起目的是利用自身的信托机制募集并管理项目资助云南的贫困地区中小学教师来沪培训。而自己擅长的是筹资和项目资金的管理，对于具体如何培训教师自己完全陌生，对于动员并选择云南的教师参与项目更是束手无策。因此，上海信托经过多方考察和上海合作交流处推荐，选择上海师范大学教育发展基金会作为培训项目具体实施方。上海师范大学教育发展基金会多年来以开展"学校建设""学科扶植""教师发展""学生培养""西部教育"等项目为重点，并且多次承接上海合作交流处的教师培训项目，在对少数民族地区教师培训上有着丰富的培训方法和项目管理经验。选择与基金会合作可以利用其对教师培训项

---

① 整理自上海信托"上善系列金融教育助学"项目经理的访谈记录。

目的专业优势达到项目预期。而项目的受益方是云南贫困地区的中小学教师，如果得不到云南当地政府的认可和支持，该项目也无从谈起。由于之前已经和云南省扶贫办签订过长期战略合作协议，承诺公司还将持续开展多元化的系列帮困结对活动。因此，在云南省扶贫办的联系搭桥下，上海信托又与云南省教育厅结为合作伙伴。而作为上善计划的受托人和信托资金的认购方，上海信托一方面向社会自然人或机构募集资金，另一方面自身保证连续五年每年出资 100 万元认购信托份额。第一年项目尚处在试运行阶段，因此并未大范围地推介，只重点动员公司员工积极认购，最后公司员工共认购 5 万元。公司本身又作为信托的受托人严格履行着信托合同中受托人的义务。设立了专业的信托管理团队，由于是公益信托公司，对信托计划的管理更加严格，上善信托计划的管理团队在业务上独立于公司其他部门，团队的人员与其他部门互不兼职，具体的业务信息也不与其他部门共享。该团队负责所有信托事务的管理，包括与上海师范大学教育发展基金会协商讨论具体的培训方案、全程跟踪培训过程、了解培训教师的意见反馈；同时也要对云南方面提供的培训名单进行核实，在培训前积极沟通培训计划及行程安排；最后就是妥善审核基金会及云南方面对捐赠财产的使用管理情况，如是否符合捐赠财产用途，还要及时通知资金管理银行付款。其实，整个项目的运行过程中虽然各方都按照协议的具体分工履行义务，但上海信托的专业管理团队是具体的联络人和协调方。

第二，上海师范大学教育发展基金会作为项目实施的管理方负责制定项目年度管理方案，如培训计划、受训教师食宿安排、保险购买等。每年的方案制定出来后要上海信托与云南省扶贫办、省教育厅一致同意后方能执行。如基金会原本设计的培训对象为一线教师，培训的内容有到上海学校近距离的教学观摩。但是贫困地区本身就面临着教师资源紧张的问题，有的小学可能一个老师就负责整个学校一门课的教学,如果老师出来培训,学生就有可能停课。后来经过协商同意第一批参训教师以校长为主,培训对象改为校长并未违背项目设立的初衷,并且校长办学意识的转变也能带动转变一线教师的教学方法和教学理念。项目目前已经成功举办了一期云南贫困地区 50 名小学校长短期培训班,由于上海信托的要求,其中两名校长来自上海信托捐助过的希望小学。在以后的培训计划中培训教师的名额会继续倾斜这两所希望小学。第一批培训通过分散研讨、考察学习和跟岗培训的形式,受训校长不仅聆听了由著名专家学者、知名小学校长担任主讲的课堂专题集中培训,还到上海知名小学参观学习,以"影子校长"的身份深入上海的特色学校,观摩名校长培养基地的规范管理,通过与上海优秀校长面对面探讨教育管理与学校发展的问题,共同探索学校管理的有效途径与方法。通过理论与实践的有机结合,参训的校长们提升了自身能力。

第三,云南省扶贫办和云南省教育厅负责制定参训教师的选拔标准和程序,并负责每年参训教师的选拔工作。有了政府的支持和认可,项目在云南方面的实施就格外顺利,由于是沪滇合作多方参与的项目,省教育厅也给予了这个项目最大的支持和配合。虽然信托财产负责了昆明至上海单边的交通费用,但云南境内,教育厅也拨出专款负责教师从各乡镇到昆明的交通食宿费用和另一半沪昆之间的交通费。另外,为了彻底解决以后参训教师无法离岗的问题,省教育厅还表示,在以后的项目中一方面尽量安排上海的支教队伍到这些参与学校补充这些学校的师资力量,另一方面也会调动省内师资力量完成参训教师离岗时的教学任务。

在上善计划教育助学的项目中可以看到政府、企业、社会组织都发挥了各自的优势,正是整合了各方的力量才能使这个项目顺利进行。上海信托拥有一般公益基金会所不具有的公募资格,采用金融筹资手段可以募集到更多的捐赠资金；另外其能发挥自身的专业优势采用信托管理的架构对整个项目进行监管，如在资金上严格按照信托法在银行设置专户管理，单独核算信托计划资金来源、运用，确保上海信托与该信托计划的财产分别管理、分账核算。此外，对于暂时闲置的资金，可以进行管理与运用，投资一些流动性好、风险低的金融项目以实现资金的保值增值，使更多的人参与这个项目。在项目监管上还运用信托计划监察人制度，聘请上海锦天城律师事务所担任监察人负责项目的检察、审计和信息披露等工作。如所有信托财产的拨款要经监察人同意方能拨付，监察人还有权对各方对信托财产的运用和处分的合法性、合规性进行审查。上海师范大学教育发展基金会则可以利用自身在教师培训方面积累的多年经验依托上海师范大学独特的资源优势采用基金会的项目管理办法严格执行项目，发挥自身的专业优势。而沪滇合作的大背景、上海合作交流处的牵线搭桥以及云南省教育厅的公信力和权威又是项目能顺利开展和各方持续合作的保证。特别是对于云南省教育厅来说，该计划实际上增加了其原有工作任务，云南省教育厅还主动拿出专款配合该计划的实施。如果没有云南当地政府的支持和允许，无论是社会组织还是企业出于何种目的想要进入教育这种政府严格控制的意识形态重地开展项目都是不可能的。当然，对于扶贫、帮助贫困地区发展教育事业共同的愿望也是促成四方持续合作的基础。另外，上海信托董事长潘卫东对于云南特殊的个人情感也是推动这个项目不可缺少的因素。

在沪滇合作的整个过程中政府仍然发挥着主导作用，它可以要求哪些社会主体参与，按自己的设想选择参与的社会或市场主体，甚至决定参与的方式方法。沪滇双方相距千里，如果没有政府的引导和支持，参与扶贫将面临语言、交通、信任甚至文化等诸多方面的难题。同其他案例一样，政府的权威仍然是实现整合的基础性力量。

表 4 - 4　沪滇合作在描述框架中的表现

一级指标	二级指标	三级指标	涉及的内容
扶贫主体	政府	中央各部委	定点帮扶的垂直整合：无
		贫困地区政府	全面扶贫：独龙族整族帮扶中云南省省内整合 12 亿元
		发达地区政府	上海每年拿出财政收入 1% 支援对口地区，其中 10% 支援云南，仅独龙族整族帮扶投入 7600 万元
	市场	国有企业	上海光明集团、宝钢集团
		非国有企业	上海信托公司，其他承建各种工程、承包当地农业项目的企业
	社会	国内/国际NGO	云南青基会，团委系统，上海师范大学教育发展基金会，上海对口援助的学校、医院
参与主体的作用	政策、规则的制定		云南与上海政府掌握着具体政策的制定，在金融教育助学中主要由上海信托、上师大基金会、云南教育厅三方共同制定
	合作对象的选择逻辑		政府根据自己的需要充分动员国有企业和事业单位积极参与；对于社会组织发起的项目，政府掌握着项目的审批备案权，并且是重要的参与者，随时掌握着项目的运行
	扶贫资金的筹集与分配		政府不再是唯一的资金提供者和筹集者，企业和社会组织也根据自身优势筹集和适用资金
	主体在项目实施中的角色		在政府自身的项目中仍是主要规划者、组织者、执行者，但也吸纳社会力量参与规划、市场主体承包工程。在产业扶贫中企业和贫困农户是主要的执行者，政府只负责政策和制度的设计。在教育助学中，上海信托是主要的规划、组织者，政府及社会组织参与规划与执行
整合维度	政府内部的整合	政府内的垂直整合	中央东西协作的制度安排实现了中央对发达地区和扶贫地区的双重整合；沪滇合作领导小组及其办公室
		政府内部水平整合	沪滇合作领导小组及其联席会议制度；沪滇双方区县对接制度；独龙族帮扶中对涉及的全省 32 个部门的整合
		政府与市场	政府对市场机制的整合：光明石斛种植示范园项目；金融扶贫教育助学中，整合金融机制募集社会资金

续表

一级指标	二级指标	三级指标	涉及的内容
整合维度	政府外部的整合	政府与市场	政府对市场资源的整合：通过政府补助吸引市场资源参与当地的种养殖、旅游开发项目
		政府与社会	政府对社会机制的整合：整合云南青基会筹款 200 万元；团委系统招募志愿者；上海师大基金会运行项目
			政府对社会资源的整合：独龙族发展规划方案广泛征求专家意见；上海支教团，双方培训交流；医院对口援建
整合途径	组织形式	官僚制网络型	双方各自内部的领导小组是科层制的垂直管理，但通过联席会议及互派干部等制度形成了一定的网络形态。产业扶贫中的公司 + 基地 + 合作社（农户）的运作模式和金融教育助学、CDD 扶贫案例中就具有网络管理的形态。
	整合机制	权威	内部：中央政府对上海政府的动员，上海市政府对各区县参与沪滇合作的要求
			外部：上海市对市内国有企业和事业单位的要求，主流媒体的大力宣传产生的动员力
		利益满足	企业既能获利、又能履行企业社会责任树立、宣传自己的企业形象
		价值观念	上海：党的共同富裕、两步走的发展战略；云南：扶贫发展是政府重要的一项职责，
			NGO 与政府扶贫的使命契合
			中国传统文化中的慈善理念和全国大家庭的情感

第三节　香港乐施会 CDD 项目——国际
NGO 与政府合作扶贫实践

　　发展和扩大国际间的交流与合作，是从"国家八七扶贫攻坚计划"开始就确定的中国农村扶贫的重要内容，也是确保扶贫攻坚最终成功的

必要措施。《中国农村扶贫开发纲要（2001—2010 年）》也指出："发展
扶贫开发领域的国际交流与合作。继续争取国际组织和发达国家援助性
扶贫项目。借鉴国际社会在扶贫开发方面创造的成功经验和行之有效的
方式、方法，进一步提高我国扶贫开发的工作水平和整体效益。"① 最新
的国家扶贫开发纲要也将国际合作作为专门的一点指出："开展国际交
流合作。创新机制，拓宽渠道，加强国际反贫困领域交流。借鉴国际社
会减贫理论和实践，开展减贫项目合作，共享减贫经验，共同促进减贫
事业发展。"② 在实践层面，国务院扶贫办在 20 世纪 90 年代初就开始了
与世界银行的合作。1995 年 10 月，经国务院批准，选择云南、贵州、
广西三省（区）集中连片的重点贫困地区进行区域性综合扶贫开发。世
界银行在云南的项目开了政府与国际组织合作的先河，也为后来其他国
际 NGO 在云南开展扶贫活动奠定了合作基础。香港乐施会③自 20 世纪
90 年代在中国内地开始从事扶贫工作以来，以西部云南、贵州、广西、
陕西、甘肃等地为重点，先后在 20 多个省市开展了扶贫、发展与救援
工作，累计投入资金五亿多元人民币（其中在云南省的资金投入达一
亿多元人民币）。云南省扶贫办外资项目管理中心与香港乐施会自
1997 年开始合作，在以社区为主导的综合发展、参与式项目管理、扶
贫干部培训、灾后生计恢复等不同领域有着长期的良好合作。其实早
在 1992 年，乐施会在昆明开设了其在香港以外地区的第一个项目实施
机构，主要是为了在西南地区开展农村社区发展和灾害救援等工作。
由于当时云南省甚至国内并没有明确清晰的法律对国际 NGO 在国内的
活动进行监管规定，所以在当时昆明市外经委、外事办的协调下当做
一个引资合作项目，通过成立项目办公室的方式来开展合作。项目办

---

① 参见《中国农村扶贫开发纲要（2001—2010 年）》第二十八条。
② 参见《中国农村扶贫开发纲要（2011—2020 年）》第三十一条。
③ 香港乐施会为国际乐施会的组成成员，属于境外注册的非政府组织。

公室由禄劝县农业局和乐施会双方人员共同组成，另外也向社会公开招聘一些办事人员。这种合作方式最重要的一点是解决了乐施会在中国内地开展活动的身份问题，在很长的一段时间内乐施会禄劝项目办都给人一个农业局下面二级机构的印象。这个有政府"外衣"的身份在改革开放初期为项目的开展提供了可能性。"没有这个身份去开展活动，可能连最起码的信任都得不到。老百姓不认识你啊，甚至以为你是敌特组织，根本不可能相信你是来开展扶贫救济帮助我的。"禄劝办公室经理袁加海在访谈时如是说。除了解决合法性问题，政府还为办公室提供了一些便利条件。如提供办公地点、开展活动时协调与别的部门的关系，甚至用车的方便。而办公室主要的办公经费和项目经费则由乐施会负责。

这种与政府合作成立项目办公室的方法成为后来一段时间内乐施会与政府合作的主要模式。如1996年的丽江大地震，乐施会在大理剑川开展赈灾项目。项目结束后当地政府对与乐施会的合作非常满意，因此主动提出与之开展农村扶贫项目，因此于1997年由云南省扶贫办与乐施会签订合作协议将剑川县列为合作项目区。后来经过当时大理州领导的努力争取，又将鹤庆县也列为项目合作区。该项目为乐施会与省扶贫办之后长期合作奠定了基础，但是随着时代的发展，双方合作的模式也发生了变化。一方面，随着对扶贫的认识的加深，无论是政府还是国际组织都认识到扶贫是一个涉及多个领域的综合工程，扶贫的需求不断在不同的领域提出。乐施会不可能每在一个新区域开展一个新项目，就在不同的项目区、领域成立一个新办公室，作为一个非营利组织无法承受这样不断扩张、机构臃肿带来的一系列问题。另一方面，中国对国际组织监管的法律不断完善，提出了越发明确的规定。如规定政府机构不能与国际组织成立办公室，禄劝办公室本是与县农业局签订协议成立，后改为与农业局下属管理事业单位畜牧总站签署协议成立。

这些外部环境的变化加上乐施会与扶贫办合作信任感的不断升级，使双方又探索出了新的合作模式，即现在的"云南社区主导型发展与参与式扶贫管理机制创新试点项目"的合作模式。简单地说双方的合作项目以云南省扶贫办外资扶贫项目管理中心为实施者，双方共同按照乐施会的扶贫手法及理念设计项目，乐施会对项目进行评估并提供技术与资金支持，各级政府都参与项目管理并提供不少于30%的项目配套资金。下面就以双方合作实施的社区主导与扶贫机制创新项目来介绍该合作模式。

社区主导型发展（Community - Driven Development，简称CDD）的项目思路是在帮助贫困社区发展的过程中，通过向贫困村民赋权，使贫困村民作为发展的主体，在涉及自身利益时有更多的表达诉求的机会，增加参与过程的空间、决策的透明度。项目的核心就是将扶贫资源的使用决定权交给贫困社区，由社区讨论他们的社区需求和提出项目申请；由社区制定项目评审的准则，并根据这些准则进行公开的项目评审。在获得扶贫资源的社区，社区需要履行社区责任实施项目，其意义在于给予社区对扶贫资源的配置决策权，推动贫困社区或农户在脱贫发展中既享受权利，又承担责任。在这种模式下，扶贫资源能更切合贫困社区需求，探索政府扶贫管理制度与社区自我管理机制的有效对接。

该种扶贫模式与政府目前主流的整村推进的扶贫手法最大的区别在于行动逻辑的不同。政府传统的扶贫模式是从上到下的一种以政府为主导分配资源的过程，政府的角色贯穿所有环节；而目前试点的CDD项目则从下到上根据贫困人口的意愿分配扶贫资源，政府的身影也无处不在，但更多地成为一个外围的辅助、指导性、提供服务的角色。以产业扶贫来说政府通常的做法为整合政府内部的资金，根据当地政府的判断选定一个产业（一般为种植或养殖类企业），再通过一定的优惠政策或政府动员引入企业以达到整合市场资源、整合市场机制的目的。这种通过政府科层体系来分配资源的方式往往就会无形中遗漏少部分贫困群体。政府的产业扶持通常要注重规模效益，希望一个项目能最大限度地带动更多的贫困人口，分配扶贫资金的一个重要标准就是项目所能覆盖的贫困面，即按人口数量来匹配扶持资金。而一些本来基础条件差、居住相对分散、人口相对少的贫困村就因为达不到这个要求而被排斥在外。而在CDD项目中对于企业的参与与否并不看重，项目涉及的贫困人口数量也不是资金分配的主要标准，重要的是村民的参与积极性。看重以村民自己为主导选定项目、开展项目，政府和乐施会在外围提供技术指导和监督把关。这里我们并不评价这两种模式的优劣，二者在不同的范围内都有各自成功的案例，只是出发点和关注点不同。政府更关心的是一个地区宏观上的区域发展，更加注重效率；CDD项目更加希望通过一个具体的项目，贫困群体能得到自我发展、自我管理的能力，项目本身的效益则放在其次。下面就是发生在大理弥渡县李丰村黑白系小组的饮水工程项目产生的过程。

CDD项目是需要全村所有小组选出2～3位代表（其中至少1位女性）共同组成行政村的评审委员会，评审委员会集体会议讨论出评审规则和打分细则，各位代表回到自己的小组带领村民提出本小组的项目申请，其中需要明确提出申请项目的理由、项目的操作方法、资金的管理制度以及需要的预算等，之后通过公开演讲、答疑、评分三个环节，确定项目资金的归属。

潆水镇李丰村各小组评审委员会成员已经就座，他们是各村民小组选出来的代表，作为今天的主角，他们将在这个公开的场合为自己的小组争取项目，同时也要为其他小组评分，评审的结果将确定哪个小组获得香港乐施会和云南省扶贫办共同的资金支持。所以这些高挽裤腿和衣袖，清一色解放鞋上沾满泥土的村民代表，将是今天资源分配的决策者，而扶贫办的干部和乐施会的项目人员则扮演着协助者和监督者的角色。在李丰村评审小组自己制定的评审规则中有这样一条："凡申请资金低于 2 万的项目加 5 分。"一位参加规则制定的评审员解释道："小工程也可能是一些小村子最迫切的需求，比如黑白系独房子村就只有 6 户人，政府历次的项目都要考虑受益面，一来二去这样的小村子就很难有获得项目的机会。这次是由我们自己做主，所以有人就把这个特殊的问题提出来，大家讨论后制定出这条规定。并且，这样符合项目的要求，CDD 项目要大家都积极参加出钱出力，我们自己出力、集资，这样申请的资金就越少。这也是项目本身所鼓励的，所以政府和乐施会的指导老师也很支持。"

评审委员会的成员由各自然村推选，既要为别村的项目打分，同时自己也要通过演讲为本村争取项目。老罗就是一位来自黑白系的代表，他从上衣口袋中拿出老花镜，仔细聆听着其他村代表的发言，用手指一行一行地指着打分表恐怕自己打错地方。坐在旁边的是同村妇女代表鲁雪花，她识字不多，在乐施会工作人员的帮助解释下按照自己的意愿独立地为其他代表打分。到老罗演讲时，他有些紧张地整理了一下衣裳，拿出自己和大伙一起讨论过的演讲稿上台说道："我们村虽然属于黑白系（社区），但我们村只有 6 户人，大家都称我们这叫'独房子'。全村 21 口人，只有 12 人有劳动力，我们都比较贫穷，是李丰村公认的尾巴。这几年的干旱使得我们这 6 户人生活用水十分困难，现在我们想通过乐施会和政府的 CDD 项目从大河抽水到李建川家屋后，建水池蓄水。水池我们自己挖，材料我们自己买。我们保证用好每一分钱，我们预算为 11230 元，其中 1230 元我们 6 户自筹，平均每家 210 元，其中 2 家低保户听说后很主动地就表示要把钱凑齐。虽然我们只有 6 户人，但我们也会竭尽全力把工程做完做好……"

最后，通过各位评审的打分，黑白系独房子村的饮水工程名列第二，获得了大家的支持和认可，而大家心目中的第一则是修理通往乡政府的那条大路，以使出行不再借道河床。

项目通过与政府部门的合作，有效提高了乐施会资金的使用效率。项目促进了政府扶贫观念和行为上的改变，促进了扶贫体制的创新，形成了一整套政府认可的参与式手法的制度文本，作为政府扶贫开发和社区发展的行为指导文件和考核奖励监督机制，对项目参与地区和扶贫领域的影响是深刻和持久的；同时提高了政府扶贫资金使用效率，政府的职能由管理指导到服务都体现了转变。

在李丰村及整个漭水镇 CDD 的项目中我们可以看到对贫困农民充分赋权、赋能的一面，项目从资金的分配、项目的选择、执行的管理都是村民自己决定，通过项目塑造了农村社区基层组织自我组织、自我管理和自主决策的能力。另一面也要看到政府和乐施会之间的合作对彼此所产生的影响，对于乐施会来说，通过与政府部门的合作，有效提高了乐施会资金的使用效率，使项目的收益面更加广阔，很好地实现了自身"助人自助，对抗贫穷"的宗旨和目标。而对于政府来说，通过与乐施会合作同样也提高了政府扶贫资金的使用效率。乐施会的扶贫手法和理念也在逐步影响着政府的扶贫观念和行为方式。在与乐施会的合作项目中政府的工作方式正在从现行的以全面管理为主转型为主要对社区主导管理进行指导、监督、配合和服务。我们可以从 CDD 项目各环节政府、乐施会、项目村民各自的任务来分析政府这种角色的转变。

表 4 - 5　浒水镇 CDD 项目中各主体的分工情况

序号	活动名称	政府主要职责	项目村民主要任务	乐施会
1	制定社区综合发展规划	云南省外资扶贫项目管理中心、保山市扶贫办负责项目的协调督导。县扶贫办和镇政府收集入户基本资源信息资料；资源汇总分析，编制发展规划。		乐施会昆明办负责提供相应的技术培训。
2	项目设计、建议书评审及审批	昌宁县扶贫办、浒水镇人民政府负责组织协调联福村和村民相关工作。	提交项目建议书及相关工程项目设计预算。编制并提交项目建议书由云南省外资扶贫管理中心进行审批。	省外资扶贫、乐施会负责项目建议书的审查、查核、审批，及时下达项目计划。
3	成立镇项目领导小组和社区项目监督管理小组	保山市扶贫办、昌宁县扶贫办负责指导镇项目领导小组的成立。浒水镇人民政府负责协调组织联福村委会和字家坡、后大山村民选举产生社区项目监督管理小组。	选举成立由 7 人组成的社区项目监督管理小组（其中：男 4 名，女 3 名），负责项目的组织管理和实施工作。	
4	低产茶园改造	镇人民政府结合全镇茶园低改工作，协调安排镇农科站茶叶科技人员分类对村民进行茶园低改技术培训。	社区管理小组与培训人员签订培训合同 社区项目监督管理小组负责发动村民进行低改，将轻修剪、重修剪、台刈面积落实到地块	举办技术培训 2 期，并将低改面积落实到户。
5	道路建设	浒水镇人民政府负责协调组织联福村委会和字家坡、后大山村民选举产生村组道路建设管理机构。	成立项目管理小组，管理小组下设：施工小组、采购小组、验收组、质量监督组，选举社区出纳、会计。社区项目管理小组负责组织实施：挡墙、给排水沟渠、涵洞等由当地村民自己组织实施，自己采购自己施工；乡水利站技术员负责技术培训和指导工作；质量监督小组负责施工的社区监督；弹石铺筑承包给施工队，由社区项目管理小组将组织社区代表确定选择施工队的条件和程序，并按讨论决定的条件和程序选择施工队，与施工队签订施工合同。	

序号	活动名称	政府主要职责	项目村民主要任务	乐施会
6	社区灾害预警机制	漭水镇人民政府、联福村委会负责组织22个村民小组代表（2人/组），共培训45人。	培训完毕后各小组以自然村为单位建立自己的灾害等突发事件预警机制。	乐施会提供培训方案和聘请相关老师。
7	沼气池、改圈、改厕配套工程	由漭水镇人民政府负责组织实施，镇林业站负责技术指导，做好对村民的技术培训服务。	建设完成13口沼气池及相关的卫生圈、卫生厕配套工程。	乐施会负责与联系沼气师傅前往昌宁县进行现场指导培训。
8	评估审计	保山市扶贫办、昌宁县扶贫办、漭水镇项目领导小组、社区项目监督管理小组负责组织县级评估验收。 总体评估、项目审计。 乐施会、省外资中心、保山市扶贫办、昌宁县扶贫办、漭水镇项目实施领导小组、联福村委会及字家坡后大山社区项目管理监督小组，共同对项目进行评估验收，并依据对评估情况准备后续项目 县扶贫办、漭水镇财务人员负责协助乐施会审计员对项目进行审计，总结验收项目。		

资料来源：根据本人云南调研报告及香港乐施会云南办事处张松访谈提纲整理。

通常CDD项目可以分为宣传动员与社区准备，培训、规划、立项，项目实施，验收与审计四个主要环节。如在第一个环节主要由项目县扶贫办、乡政府和村两委成立项目协调小组，其主要任务一是入村做项目信息及政策宣传与社区动员，如通过在行政村召开动员会议向村民小组长及村民代表宣讲及发放宣传资料的形式，说明项目目的，资金来源，申报方法，评审程序、原则，最重要的是让村民清楚他们推选出来的"行政村项目评审与监督委员会"的作用。二是要帮助村民通过民主选举的方式选举出本社区的项目管理小组（包括财务、项目实施和监督）

成员，并协助社区制定管理措施（人员分工、财务、监督、组织管理等）。三是要帮助新成立的项目评审与监督委员会制定具体的管理办法，如明确成员的主要分工和工作职责。以上准备工作由县扶贫办与乐施会的工作人员负责验收，再由省扶贫办抽查。在该阶段乐施会主要的任务就是负责与省扶贫办一起为相关的省市县三级相关扶贫办工作人员和项目乡工作人员提供培训，省扶贫办负责具体的人员组织，乐施会负责培训的内容和承担培训所产生的费用。在第二个环节，政府的首要任务就是由县扶贫办完成对新成立的各村评审委员会的培训。培训的内容涉及参与式的理念、原则和方法；社区组织成功与失败案例分析；立项条件、评审原则、评审程序和评审标准；项目规划方法；等等。其实培训本身就是对社区自我组织能力、自我决策能力、自我管理能力的一个培养、提高的过程。这些代表完成培训后要回去分别召开各社区村民会议并协助完成社区自我发展规划。这时政府就要对社区自我发展规划和项目设计过程进行监督及指导，如通过与农户访谈监督村民参与是否充分，检查社区是否考虑到公平受益、自力更生、权利和责任对等等重要问题。政府另一个重要作用就是对各社区的项目设计进行相应的调整与整合，如将村卫生室、学校建设等可以使全行政村受益的项目调整为全行政村的项目。县扶贫办同时还要协调县、乡技术部门对经评审通过的项目进行政策和技术可行性把关，通过县扶贫办审查便可以完成项目的立项。在项目实施环节，主角则完全是村民，各村按照之前的项目规划开始具体实施，该阶段政府职责一是审查相应材料后拨付项目款，二是做好项目的监测工作，看是否按规定的制度进行、资金是否使用规范、项目质量是否过关。在最后一个环节，县扶贫办协调县、乡技术及其他相关部门工作人员组成正式验收小组，对社区竣工项目进行验收。省扶贫办和乐施会再对相关项目点进行抽查。政府还有一个任务就是组织项目评审委员会内部召开总结和学习会议，对这一轮的项目开发、评审、实施过程中的管理进行回顾，分析讨论存在的问题，完善下一轮的项目管理。

项目合作及管理架构图（见图4-2）说明：

1. 图中实线部分为项目的主体框架，显示扶贫办系统及乡镇政府在项目中的管理层级及责任关系；虚线部分为合作方对项目管理的外部协助与监督。

2. 主体框架中的粗虚线部分，显示项目所追求的"以社区农户为主体的社区主导型发展与参与式扶贫管理机制创新"目标的核心部分和关键环节，它包括政府和社区自我管理两个系统（层面）的制度创新及对接关系：

A. 政府系统——以扶贫办为代表的政府系统（层面）在扶贫项目、扶贫资金管理等方面的制度创新，以保证扶贫资源充分送达贫困社区，并由贫困社区农户自主决策、自我管理，结合社区资源寻求自我发展目标的实现；

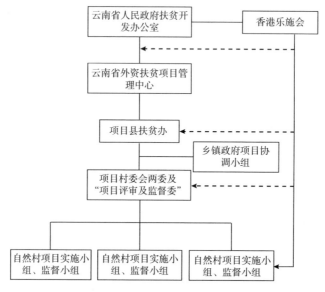

图4-2 CDD项目管理组织架构

B. 社区自我管理系统——贫困社区以项目为载体，在自我组织实施扶贫项目过程中，培育社区民主决策、民主管理的意识、原则、机制和组织管理形式，提高社区的自我管理和自我发展能力，并以此对接政府扶贫系统的工作和资源管理。

至此可见政府在 CDD 项目中不再扮演全能的管理者的角色，不再按原有科层制的方式管理项目。政府在项目中的作用一方面是从外围服务与协调中体现，如宏观方面与乐施会一起完成项目总体的设计，微观上对村评审委员会成员提供一些培训、在项目实施过程中进行各种专业技术指导以及监督监测、组织村民共同总结项目实施过程中的不足与经验。另一方面的作用也体现在资金的配套上，整个项目除了培训部分的费用由乐施会负责，其余每个项目政府都要按 1∶1 的比例配套资金。政府的配套资金由省扶贫办从省财政的对外援助项目专项配套资金以及"整村推进项目资金""村级互助基金"和"产业扶贫资金"等扶贫项目资金渠道中予以整合。项目点多时甚至还要协调别的项目的资金配额或协调地州政府的资金，如在楚雄州双柏县的试点项目中省扶贫办为了完成配比任务就与互满爱和爱德基金会协商让出一定的配套额度，全力保证乐施会试点项目 280 万元的省级财政足额配套到位，同时又动员楚雄市财政为楚雄市的每个试点项目安排了 10 万元的市级配套资金。政府通过自身内部行政权威的协调动员充分保证了配套资金的足额及时到位，使更多的贫困人口能加入试点。

在这个项目中政府这些行为模式的改变从表面上看是受乐施会的影响，但仔细分析双方合作的背景则会发现这种变化仍是政府主导下有意尝试的结果，即在省扶贫办与乐施会的合作中，政府不但整合了乐施会的项目资金、人力物力，更把乐施会的扶贫理念与扶贫手法整合进自身的扶贫工作机制，为现有的工作模式注入新的血液、新的生机。首先，从当时法律的角度来说，中国对境外非政府组织的管理采用的是一种"双重管理模式"，既要有民政部门的备案允许，又要有一个相关领域的业务主管部门负责。比如《云南省规范境外非政府组织活动暂行规定》："省民政厅是境外非政府组织进入本省的备案机关。省外事办是境外非政府组织与本省有关组织开展合作事项的备案机关。省直有关部门是与其业务范围有联系的境外非政府组织的业务指导单位。"具体在 CDD 项目这个案例中，乐施会要在云南开展活动就首先要到云南省民政厅备案，之后才能与云南省扶贫办展开合作。而云南省扶贫办既是乐施会的合作伙伴又是其业务指导机关，乐施会在云南开展一切活动都要向扶贫办汇报，同时扶贫办还要将与乐施会合作的情况向省外事办备案。其次，就业务指导机关——省扶贫办来说，其实际掌握着合作伙伴选择权。省扶贫办作为业务指导机关要为境外 NGO 的活动负责，所以通常会选择与自己有多年合作经验并有一定信任基础的，不涉及政治、宗教活动，相对容易"控制"的国际组织来开展合作。如香港乐施会与云南扶贫办从 1998 年就开始了合作，多年来乐施会一直在其关注的领域内活动，从未涉及危害我国国家安全、统一和民族团结的活动，并且在每一个协议中都写明"项目不支持从事任何宗教性质的活动。"再次，政府内部的创新压力也要求扶贫办开展 CDD 项目。党的十六届五中全会提出了"要按照生产发展、生活宽裕、乡风文明、村容整洁、管理民主的要求，扎实推进社会主义新农村建设"。农村基层组织建设工作与农村基层群众自治制度建设更是党和政府十分重视的领域，而社区主导型发展项目的本质和这些政治要求有着天然的结合优势。所以该项目的实施还能体现与全省的社会主义新农村建设工作相结合、与农村基层组织建设工作相结合、与农村基层群众自治制度建设相结合的优势，这也是政府积极推动该项目的原因之一。最后，双方共同以减贫为目标的组织宗旨也是促成合作、保证项目顺利推进的重要因素。乐施会与政府不但在扶贫的理念和手法上有不同的认识，甚至在许多工作方式上都有很大的区别。但是双方都在坚持自身最基本的原则的基础上尽可能与对方沟通形成共识，如在项目选点上政府一开始还是坚持考虑项目的受益面和项目点自身群众基础的问题，而对于乐施会来说这个项目的一个重要理念就是要使那些长期没有机会的农民得到发展的机会，群众和当地政府服务水平跟不上也不要紧，这也正是这个项目希望能通过培训改进的地方。同样政府的考虑也不无道理，项目不可能完全不考虑项目地群众和当地政府的积极性。经过协商双方最后在此问题上达成了共识，即李丰村这样点多但项目资金相对少的项目就尽量满足乐施会的要求，可以把项目放在尽量偏远、穷困的行政村。对于漭水镇项目这种投入大一些、以整个行政村来规划的项目就充分考虑当地的实际情况，如保山市扶贫办及昌宁县扶贫办与乐施会合作赈灾项目多年，十分认同乐施会助人自助的宗旨以及社区为本的工作手法；昌宁县扶贫办还实施过世界银行项目、中英合作环保项目等，机构和项目人员都有一定的国际合作项目经验；而且这个项目本身也是乐施会与云南省外资中心合作的探索社区主导的综合发展规划下充分利用社区资源、整合外部资源的社区综合发展模式首个试点项目，放在群众基础相对好，当地政府积极性高、有工作经验的地方，有利于试点项目的成功。综合这些因素，乐施会还是同意了政府的提议。其实，为了得到一个合法的在云南开展活动的身份，乐施会会定期向业务部门汇报、备案。正如萨拉蒙指出的那样："第三部门成长的最有决定性的因素是它所能锻造的与国家的关系。第三部门组织的任务是找到一种同政府的妥协办法，在得到政府足够的法律和财政支持的同时又保持相当程度的独立性和自主权。"①

---

① 莱斯特·萨拉蒙：《非营利部门的兴起》，《马克思主义与现实》2002年第3期。

表 4-6 扶贫办与乐施会合作的 CDD 项目在描述框架中的表现

一级指标	二级指标	三级指标	涉及的内容
扶贫主体	政府	中央各部委	无
		贫困地区政府	省扶贫办、项目地扶贫办系统、项目乡政府参与项目的管理
		发达地区政府	无
	市场	国有企业	无
		非国有企业	无
	社会	国内/国际 NGO	香港乐施会
参与主体的作用		政策、规则的制定	云南省出台《境外组织管理条例》，省扶贫办乐施会共同制定 CDD 社区扶贫的工作手册
		合作对象的选择逻辑	政府在双重管理的模式下实现对社会组织的控制，通过与自己信任的 NGO 合作，让 NGO 参与扶贫治理
		扶贫资金的筹集与分配	政府通过与乐施会资金的匹配，在可以接受的底线内按乐施会的项目理念，由贫困农户自己决定项目
		主体在项目实施中的角色	政府与乐施会共同设计整个项目和组织启动，项目实施与执行中的监督和指导；贫困农户有局部小项目的选择权，组织实施、执行权。
整合维度	政府内部的整合	政府内的垂直整合	省扶贫办、项目地涉及的地县扶贫办系统、项目乡政府、村两委。
		政府内部水平整合	无
	政府外部的整合	政府与市场	无
		政府与社会	扶贫办与乐施会合作，整合了乐施会的资金、人力资源、扶贫理念与手法
整合途径	组织形式	官僚制	扶贫办系统的科层管理体系，政府与乐施会形成的项目管理网络式的组织架构管理体系
		网络型	
	整合机制	权威	政府管理境外组织设立的双重管理模式，NGO 为获得合法身份而服从这种管理方式；寻求与政府更广泛的合作而一定程度上服从于政府的权威；扶贫办协调其它的 NGO 资金配额来优先满足更符合自己利益的乐施会的项目

续表

一级指标	二级指标	三级指标	涉及的内容
整合途径	整合机制	利益满足	合作能扩大双方扶贫资金的效率，使更大范围的贫困人口有更好的收益
		价值观念	扶贫办系统的科层管理体系，政府与乐施会形成的项目管理网络式的组织架构管理体系
			NGO与政府共同的扶贫使命，乐施会对政府扶贫地位的认可，CDD项目本身的价值理念与政府新农村建设、基层组织建设的创新的压力吻合

第四节　春蕾计划——国内 NGO 与政府合作扶贫实践

虽然上面的案例中都展示出政府主导下的行政机制有着很强的整合能力，但在这个多元化的环境中仅靠政府与市场来解决贫困问题还远不够，二者都有其内在的不足。首先，在政府方面，一是政府的资金虽然在扶贫的资金来源中占了主导地位，但中国巨大的扶贫需求仍然存在巨大缺口；二是政府的扶贫也存在资金使用率不高、渗漏严重的问题；三是政府的科层体制虽然可以有效地整合资源，但也有其范围和边界，这种自上而下的命令式行政机制越往下其有效性就越低，特别是当超出行政体系的边界时，面对社会领域的许多社会问题就显得力不从心，如涉及家庭内部的女童问题。其次，市场的本性是以盈利为目的的，过分依赖市场在一定程度上还会造成贫富的分化，市场对那些缺乏盈利能力的地区和人群会自动地选择忽略。

随着中国社会的改革开放和市场的不断发育成熟，第三部门作为一个与政府、市场相对的部门，在不断的发展壮大中，其掌握的资源和力量不容小觑。并且国内外的实际经验也表明，社会组织参与扶贫具有灵活性、公信力、针对性、公益性、持久性等优势，它可以给更多社会普通人提供展示个人能力和表达对社会的关爱与责任的平台。社会组织所具有的独特优势不但能解决许多政府束手无策的问题，而且具有强有力的募集能力。正是基于这样的出发点，从 20 世纪 80 年代开始，官方就开始有意识地整合社会机制来配合政府解决问题。特别是在扶贫领域出现了青基会的"希望工程"、儿基会的"春蕾计划"、扶贫基金会的"爱心包裹"等知名品牌项目。其中在妇联系统主导下的"春蕾计划"尤其突出了政府整合多元主体来解决贫困问题的过程。

对于本项研究来说，"春蕾计划"最大的特点在于政府整合社会组织、利用社会机制参与扶贫治理的过程。妇联自身就是政府为整合社会资源而成立的人民团体，虽然法律上划归为非政府组织，但它仍是中国共产党领导之下的政府全额拨款的事业单位，[①] 但其传统的科层制体系和行政机制很难适应改革开放后国家与社会逐渐分离的大环境。因此，为了更好地整合社会资源，妇联系统面对新的形势，成立了妇女儿童基金会，利用更加现代的组织方式——公益机制来动员社会资源，参与社会事业。其中 1989 年发起的"春蕾计划"至今已实施了 30 多年，在这个过程中儿基会不但依托妇联系统自身的优势，还去协调政府其他部门广泛合作，同时积极整合丰富的社会资源来实现自身组织宗旨，体现了行政机制与社会机制有效的整合。

一 项目背景

在我国贫困地区，儿童面临着三大主要需求，一是基础需求，如基

---

① 其组织章程规定："妇女联合会的行政经费、业务活动和事业发展经费，主要由政府拨款，提供经费保障，列入各级财政预算，并随财政收入的增长和工作需要逐步增加。"

础教育、医疗救助等；二是特殊群体，如留守儿童、流动儿童、受毒品艾滋病危害的儿童群体的需求；三是发展需求，如心理健康、思想品质培育、团队意识、参与和表达机会、现代生活方式的适应等。相对于男童来说，女童面临着更加严重的问题。女童在很多方面的需求往往更难得到满足，尤其是农村贫困地区女童，当资源和机会有限时，与男孩相比，女孩往往更易被剥夺受教育和就业等方面的权利，得不到与男孩同等的社会地位。据 1990 年我国第四次人口普查的 10% 抽样调查，全国当年仍有 3000 多万 6~14 岁学龄儿童未能入学，其中女童为 1903.6 万人，占 56.42%。[①] 具体主要表现为两个方面，一是上不起学，二是上不好学。上不起学主要是负担不起学费和生活费，上不好学主要是教学条件的问题。可见，女童问题是一个既严重而紧迫又需要长期关注的问题，具有强烈的社会需求。

作为"春蕾计划"的发起人，中国儿童少年基金会是中国第一家以募集资金的形式，为儿童少年教育福利事业服务的全国性社会团体，是一个具有独立法人资格的非营利性社会公益组织。中华全国妇女联合会是其主管单位。针对现实强烈的社会需求并结合自身的使命宗旨，中国儿基会发起了"春蕾计划"。"春蕾计划"以辅助国家发展儿童少年教育福利事业为宗旨，汇聚社会爱心，资助贫困地区的失辍学女童继续学业，改善贫困地区的办学条件，促进贫困地区教育事业的发展。随着经济社会的不断发展，新的社会问题也不断出现，如因贫失学的女高中生、女大学生的问题日益凸显。随着这些新的需求的出现，"春蕾计划"也不断丰富自身的项目。截至 2014 年，"春蕾计划"实施 25 年。在这25 年中，"春蕾计划"与时俱进，由最初面向贫困地区失学女童重返校园的"助学行动"，发展出"成才行动""就业行动""关爱留守儿童特

---

① 引自《中国儿童少年基金会关于"春蕾计划"试点实施方案》。

别行动""护蕾行动"。直接受益对象由失学女童到在校女大学生；由农村贫困家庭的孩子到农村留守女童和城市流动女童；由正常女童到智障女童；由少数民族女童到汉族女童。支持方式由单纯经济资助，到意识、态度、知识和能力的培养；支持载体从家庭、学校到邻里、社区；支持系统从人民团体妇联系统到事业单位教育系统。

"春蕾计划"具体的干预措施分为五个方面。第一是经济资助，即针对贫困地区女童教育中因缺乏学费和生活费而上不起学的问题，"春蕾计划"为不同教育阶段的女童提供了个性化的生活和学费补助，以帮助她们完成学业。如小学、初中、高中每年分别补助400、600、1330元不等。第二是基础设施改善，如春蕾学校项目资助建校标准40万元，需地方政府配套40万元以上，建筑面积原则上不低于800平方米，至少10间教室。类似这样的项目还有春蕾活动室、春蕾学生宿舍、春蕾幼儿园、留守儿童之家等，这些项目都是采用儿基会部分出资、政府配套的模式。第三是培训，实用技术培训项目是为农村初中毕业未考入高中或高中毕业未考入大学的大龄女童提供实用技术培训，通常为每人1800元/次的资助标准，不少于30名大龄女童开办一期实用技术培训，培训内容为就业指导、技能培训等。还有"护蕾行动"，编印《"春蕾计划——护蕾行动"家长手册》及《"春蕾计划——护蕾行动"女童保护手册》，通过学校、社区、儿童快乐家园、妇女之家、留守儿童之家等平台为家庭免费发放，提供安全宣传普及教育。手册由中国儿童少年基金会组织相关专家撰写而成，图文并茂、生动、可读性强，适宜儿童、家长阅读，并深入浅出地介绍讲解相关知识。第四是法律援助，针对女童遭遇性侵事件频发这一严重问题，"春蕾计划"启动的"护蕾行动"为受害者及其家庭提供法律援助。第五是舆论影响，利用各类媒体进行公众倡导和政策影响，包括小学生、初中生、高中生、大学生、大龄女童以及留守儿童和流动儿童所面临的各类问题，运用传统媒体和新媒体，与专家、学者合作，向外界提供有力的基础数据和研究的调查结果，影响公众的认识，进行舆论引导，引起公众对相关问题的认识和重视。

在全国妇联的指导下，云南省妇联 1982 年也成立了云南省儿童少年基金会。它是在省妇女联合会主管下的公募基金会，是具有独立法人资格的非营利性社会公益组织。与中国儿童基金会采取的干预方式类似，云南省儿童少年基金会开展的公益项目有一对一资助"春蕾桥"，小学每年资助 400 元、初中每年资助 600 元、高中每年 1000 元、大学每年 1500 元；"春蕾女童班"，按"春蕾桥"的标准资助 50 名女童完成学业；"春蕾学校"，每所春蕾学校的资金不少于 30 万元，可用于新建、改扩建教学楼、学生宿舍、学生食堂等，不足部分由当地政府配套；"优秀贫困女大学生奖学金"，在一所大学奖助 100 名贫困女大学生，每人每年按 1000 元标准，捐助资金 10 万元每年；"春蕾图书室"，捐赠 3 万元，可在贫困乡村小学建一个春蕾图书室。

二 动员与整合机制

为了完成上述干预目标，实现自身组织的宗旨，"春蕾计划"充分利用自身优势去整合一切可以动员的力量，而"春蕾计划"最大也是最独特的优势就是妇联系统的背景。首先，妇联的政府背景能够为项目提供强有力的政治支持。"春蕾计划"的特点决定了其必须围绕学校展开，与当地教育部门和学校深度合作。但学校和学生历来是意识形态的重要阵地，下一代的教育关系到党和国家的未来发展。中国政府对此高度重视和警惕，国际组织或是各类草根组织想进入学校开展项目非常困难。而妇联和妇联指导下的基金会，在做事的时候便自然而然地被视作"自己人"，可以很顺利地进入。同样基于这种"自己人的信任"还能获得当地政府对妇联工作给予的大力支持。加上"春蕾计划"本身是在做好事，同时又是由信任的机构来做，这为项目的顺利开展提供了便利。另外，很多项目的开展，特别是春蕾学校的建设，需要大量的政府匹配资金，当地政府需要做很多工作，如果没有妇联协调相关政府部门，要建设一个学校也是不可能完成的。

其次，妇联系统遍布全省的组织体系保障了项目顺利执行。"春蕾计划"是由全国妇联缔造的，从一开始就被全国妇联当做自己的本职工作进行落实和推广。云南省儿基会只有十几人，每年支出几千万元资金，仅有儿基会自己是做不到的。云南省妇联作为中国儿基会的主管单位，从项目发起之初就发挥了核心作用，承担了决策、筹资、监督、推广等多项工作。妇联系统拥有自上而下的一套完整、规范的组织体系，它帮助儿基会采集项目信息，保证项目的高效落实。从图4-3"春蕾项目执行流程"就可以看出项目对基层妇联的依赖。其他项目类似，从筹资到受益者的筛选、资金安全拨付，从项目的审批、执行到反馈，以及宣传，每一个环节都离不开基层妇联的工作。实际上，"春蕾计划"所有的工作最终会落到基层（县级）妇联组织身上。

再次，妇联系统的影响力为项目的筹资提供了强有力支持。基层妇联是群团组织，有政府的特征，一方面，基层（县）妇联有很强的动员能力，并且有很强的创新能力，它们网罗各类资源，包括当地企业家、当地企业、当地事业单位以及当地政府机关的工作人员。它们也充分运用社会化媒体进行公益项目的传播和倡导，组织各类活动，建立各种筹资渠道，开拓各类资源。近年来，基层（县）妇联依靠自身能力筹集的捐资助学金额远远超过中国儿基会和上级妇联。另一方面，"春蕾计划"作为全国性的大品牌，一直以来都受到了中央和妇联领导的高度重视。

"春蕾计划"的另一大优势是有公募资格和良好社会公信力的基金会所拥有的筹资能力。资金是项目实施的重要保障，"春蕾计划"建立

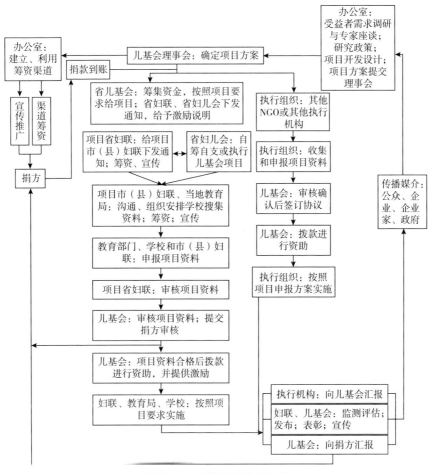

图4-3　春蕾项目执行流程

了一套激发各类捐赠人捐赠的筹资模式，包括开放性的公共筹资模式和利用组织渠道的筹资模式（如图4-3所示），这两类筹资模式均利用了线上和线下渠道，针对不同的捐赠人开展筹资工作。前者主要是面向公众的小额筹资，后者主要是面向机构（及个人）的大额筹资以及与机构（及个人）相关人员进行的筹资。从实际筹资效果来看，利用组织渠道的筹资模式要远胜于开放性的公共筹资模式，最明显的就是大额捐赠几乎都来自比较有影响力的法人。这种大额法人捐赠占据基金会主要份额

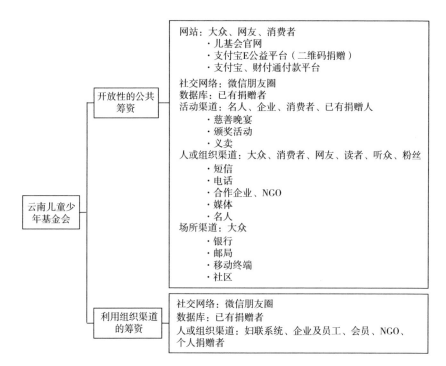

图4-4 "春蕾计划"筹资模式

的情况并不是云南儿基会独有，事实上中国绝大部分官办基金会都是这样。造成这种现象的主要原因有两方面。一方面是云南儿基会本身的运作特点——对妇联系统的依托。正如上文所述儿基会对外整合最强有力的依托就是妇联系统的优势，可以去协调政府帮助自己向这些大捐方募捐。另一方面，这些有大额捐赠意愿的法人在选择合作对象时也比较谨慎。儿基会这样有妇联支持的官方背景是其考虑的重要因素。如大捐方空军部队选择儿基会的理由之一就是："儿基会是妇联办的，信誉非常好。全国妇联也是（代表）'半边天'，看重'春蕾计划'资助女童上学。"另一捐方JJ竞技公司也表示，"通常选择基金会主要看它们很靠谱。而且管理比较完善，对资金比较透明，就是实实在在地把这些钱能够真正给那些需要帮助的人"。另外，"春蕾计划"与关注女童、关注教育的主题和公司产品的契合也是双方合作的重要条件。如玫琳凯云南分公司表示："'女性'和'儿童'是企业选择做公益的两个方向。'春蕾计划'的使命与公司的公益宗旨有相同之处。儿基会在儿童福利领域的专业度、权威性、美誉度值得我们信赖。"①

"春蕾计划"第三大优势就是以前两大优势为基础实现的对市场主体及其资源的整合。通常基金会与捐赠者之间的关系有三类。第一类是最传统、最常见的"慈善礼物"关系，双方关系不会深化，筹资任务就是寻求资源；第二类是双向价值交换关系，彼此提供明确的价值；第三类是战略合作关系，甚至是朋友式的关系，双方都将筹资—捐赠过程融入自身战略，并进行战略部署和整合自身核心竞争力。"春蕾计划"与不少法人捐赠者的关系已经进入第三类关系。这类合作对象多是"春蕾计划"的大捐方。这些大捐方除了可以直接贡献捐赠额外，还具有设计项目、参与项目、宣传和推广项目的能力和智力。与此同时，大捐方本身具有大量可触及的客户及上下游关系，以及媒体关系，等等，通过它们可为"春蕾计划"带来更多资源。比如，玫琳凯在全国有40多万直销人员，几千家门店，通过这些门店以及直销人员传播、推广"春蕾计划"，帮助玫琳凯的消费者接受"春蕾计划"，不仅培养其公益理念，还能获得其捐赠。此外，大捐方本身既可以作为捐赠者，又可以成为"春蕾计划"筹资的重要渠道，"春蕾计划"可以通过保险公司与其广泛的客户建立起联系，从而吸引这些客户成为"春蕾计划"的捐赠者。例如，培黎职业学院既是"春蕾计划"的捐赠者，又可以成为"春蕾计划"筹资的渠道——动员其广大师生为"春蕾计划"捐款。

---

① 以上捐方捐款意愿均选自《"春蕾计划"项目筹资评估及建议》，中国人民大学非营利组织研究所 & 公域合力管理咨询，2014。

从以上云南儿基会的整合运行机制中我们可以看到，儿基会整合了省妇联、县/市妇联组织、各地教育部门、学校、社区、NGO、受益者、政府、媒体、研究者、企业、公众等参与"春蕾计划"。通过妇联的行政机制与儿基会社会机制的融合协作避短扬长，基金会可以发挥动员社会资源的优势，获得社会捐赠，可以关注政府顾及不到的问题，而妇联有垂直的命令体系保证执行效率。在很大的范围内实施"春蕾计划"需要较高的运作成本，而这一成本因妇联的存在几乎被内化到了妇联系统内部，极大地降低了儿基会的项目执行成本。

妇联与中国儿基会是两个不同逻辑下运行的主体，它们因"春蕾计划"而整合到了一起，这也是一种"中国特色"。在中国的政治文化环境里，西方国家所提的"依法行政"的有限政府概念并不是唯一价值标准，中国的老百姓也认为，只要是做好事，政府都应该做，而不应该有明确的行为边界。从这个意义上讲，这套整合的模式契合了中国自身的特点，扎根于深厚的文化土壤，能够赢得人民的广泛认同。

从整个"春蕾计划"的案例中我们可以看到政府通过整合社会机制来实现自身目标的过程。首先政府建立儿基会这样专业化的公益组织，然后通过多年专业化运作赢得了良好的社会公信力，而公信力是社会组织的重要生命线，是所有公益组织不能回避的核心议题。这种公信力优势可以转化为社会价值，这种社会价值是一种不断升值的社会资本，对于募集捐款尤其重要，通过这种不断升值的社会资本广泛吸纳了各类社会资源。这种社会组织独有的社会机制是政府及行政机制所不具备的优势。另外，诞生于妇联的官方出身又给予儿基会一般社会组织所不具备的优势——得天独厚的官方赋予的"合法性"、坚实的官办背景为其提供了妇联系统和党政体系的有力支撑，在中国特定的政治结构中，这些资源为中国儿基会在云南乃至全国范围内开展这一重大计划铺平了道路，特别是筹资的便利以及项目实施的便利。由此可见，一方面政府的权威和动员能力为"春蕾计划"的顺利实施提供了一个前提条件，这也是中国儿基会公信力建立的一个重要支撑；另一方面儿基会对社会资源的募集方式和吸纳能力以及灵活、透明、高效的管理机制等又是政府行政机制所不具备的。

总的来说这一案例充分体现了中国农村扶贫中行政机制与社会机制相互整合的内在逻辑。政府通过新设立不同性质的组织——儿基会从而实现了妇联系统的垂直整合，然后借用社会组织的身份和妇联系统的官方背景向社会募集资源，这些社会资源通过不同项目再次由妇联系统去整合地方各级相关行业资金和政府的大力支持。这样的政府与社会组织的相互整合，既实现了政府自身扶贫的目的，又实现了社会组织自身的宗旨。随着项目的顺利开展，公信力不断增强，这又反过来进一步促进项目的发展，儿基会的社会资本在这种良性循环中不断地增值，政府的目标不断实现。在这个过程中政府、市场、社会组织都被整合进来，虽然表面上儿基会对项目的管理、项目的投放地点有着最后的决定权，但由于中国儿基会与妇联系统"你中有我，我中有你"的关系，其背后仍然体现着政府的意志。如地方各基层项目的具体实施是依托地方妇联按照儿基会的规定展开的，地方妇联毕竟是群团组织，涉及具体的领域仍然要寻求当地基层行业部门的支持，充分尊重行业部门的意见。对于中国儿基会的上层来说，其领导人的任命权在全国妇联手中，因此在一定程度上也代表着政府的意志。所以整合中的"政府主导"的特点在"春蕾计划"中仍然明显。在整合机制方面，领导的个人权威和政府的权威是儿基会公信力的来源和保证；儿基会与政府共同的目标也是双边实现合作的基础；企业对儿基会的捐助虽有社会责任履行的目的，但也脱离不了借助儿基会的公信力对自身企业形象宣传的商业目的，这也是一种利益的交换。

表4-7 春蕾计划在描述框架中的表现

一级指标	二级指标	三级指标	涉及的内容
扶贫主体	政府	中央部委	无
		贫困地区政府	项目地政府对于春蕾计划的资金配套和教育部门对于项目管理提供的人力物力支持
		发达地区政府	无
	市场	国有企业	如中石油、中国人寿保险等国有企业
		非国有企业	玫琳凯等
	社会	国内/国际NGO	与青基会、中国音乐之声栏目组的合作
参与主体的作用	政策、规则的制定		政府对NGO活动的一系列规定
	合作对象的选择逻辑		由于儿基会是具有官方背景的NGO，在与政府的合作中深得政府的信任，政府对其提供的支持也大于其它NGO
	扶贫资金的筹集与分配		由儿基会采用公益的方式募集资金，通过项目资金整合政府的匹配资金；儿基会在结合捐款人的意愿的基础上对于资金的分配有完全的自主权
	主体在项目实施中的角色		儿基会是项目主要的设计与实施者；政府配合儿基会的执行和项目的监督，并给与必要的支持；企业不但是主要的捐方，还参与部分项目的设计与募捐
整合维度	政府内部的整合	政府内的垂直整合	对妇联系统从上到下的整合
		政府内部水平整合	以妇联系统为依托对其它政府部门的整合
	政府外部的整合	政府与市场	通过成立新的组织——儿基会，通过公益机制实现了对市场的机制的整合
			通过儿基会实现了对市场资源的整合
		政府与社会	妇联系统通过成立儿基会实现对公益机制的整合
			通过儿基会募集社会资源，缓解资金缺口压力
整合途径	组织形式	官僚制	妇联系统的科层制与儿基会网络型相结合；儿基会与战略合作伙伴之间形成的松散的组织结构
		网络型	

一级指标	二级指标	三级指标	涉及的内容
整合途径	整合机制	权威	妇联系统和合作的政府部门内部的行政命令；相关重要领导人出面募捐，参与儿基会的活动
		利益满足	企业可以借助春蕾计划的影响力宣传自己的产品和赢得社会声誉；儿基会即可以得到企业的捐款，又可以通过企业的渠道与平台扩展自己的项目和募款
		价值观念	对妇女、儿童关爱的文化传统和价值观；政府及社会对基会信任；儿基会的使命与政府扶贫职责的一致

第五章
案例特征归纳

第四章中的不同案例从不同角度展现了中国农村扶贫中不同的侧面整合机制。在第三章中通过扶贫主体、各扶贫主体发挥的作用、整合维度、整合途径四大指标建立了案例的描述框架。本章将对以上不同类型的实践在这四个指标中的表现做归纳和提炼，试图得到中国农村扶贫的"整体性"特征，从而解释整体性内在的整合机制。为了方便提炼从以上各个案例所具备的特征中表现出来的多元整合的特征，我们首先将所有案例在描述框架中的表现通过一张表格展示出来，如表5-1所示。

表 5-1　案例特征归纳

描述指标			"866"工程	独龙族帮扶	产业扶贫	金融助学	CDD项目	春蕾计划
扶贫主体	政府	中央各部委	+	－	－	－	－	－
		贫困地区政府	＋＋	＋＋	＋	＋	＋	＋
		发达地区政府	－	＋	＋			
	市场	国有企业	＋	－	＋＋	＋＋	－	＋
		非国有企业	＋		－	－		＋
	社会	国内/国际NGO	＋		－	＋	＋＋	＋＋
参与主体发挥的作用	政府	政策及合作规则的制定	＋＋	＋＋	＋＋	＋	＋＋	＋
		合作对象的选择	＋＋	＋＋	＋＋	＋	＋＋	＋
		扶贫资金筹集与分配	＋＋	＋＋	＋	－	＋	－
	企业	政策及合作规则的制定	－		－	＋＋		＋
		合作对象的选择	＋		＋	＋＋		＋
		扶贫资金筹集与分配	－		＋	＋＋		＋
	社会组织	政策及合作规则的制定	－	－		＋	＋	＋
		合作对象的选择	－	＋		＋	＋	＋
		扶贫资金筹集与分配	＋	－	－	－	＋	＋＋

描述指标			"866"工程	独龙族帮扶	产业扶贫	金融助学	CDD项目	春蕾计划
整合维度	政府内部整合	中央对地方政府的整合	+	+	+	+	–	+
		地方政府之间的整合	–	+ +	+	+		–
		政府部门之间的整合	+ +	+ +	–	+		+
	政府跨部门整合	政府对市场的整合	+	–	+ +	+		
		政府对社会组织的整合	+	+	–	+	+ +	+ +
		政府对个人资源的整合	+ +	+				
整合途径	组织形式	层级型	+ +	+	+	–	+	+
		网络型	+	+	+	+ +	+ +	+
	整合机制	权威	对内的强制与命令	+ +	+	+	–	–	+
			对外的动员与威慑力	+	+	+	–		+
		利益满足	+	+	+ +	+		+
		价值观念	扶贫意愿与意识形态压力	+ +	+ +	+	+	–	+
			相互的使命契合	–	–	+	+ +	+ +	+
			扶贫济困的社会文化	+	+ +	+	+		+

注:"+"表示在该维度上有表现;"++"表示在该维度上表现很强甚至是主要因素;"–"表示在该维度上没有表现或体现并不明显;"空"表示没有参与。

第一节　扶贫主体的多元性

在第四章的案例中三大部门的主体都有出现。政府作为主导者出现得最多,中央有国务院扶贫领导小组及其办公室、以定点扶贫身份参与的各部委(局)等;地方政府有上海市政府及下属的各区、云南省政府、云南的州(市)政府、云南省扶贫办、上海合作交流办公室等。另外,企业也会以不同的方式出现,对于国有企业来说如宝钢集团、光明集团都可以以定点扶贫的身份参与,也可以成为产业扶贫中被政府整合的对象,如光明集团在西双版纳开发石斛项目;也可以结合自身优势与社会组织、政府合作，如"金融教育助学项目"，上海信托主动发起这个项目，与上海师范大学教育发展基金会、云南省扶贫办、云南省教育厅共同完成。对于非国有企业来说，一方面可以主动地在产业扶贫中出现；另一方面也可以相对被动地整合到某一项目中，如"866"工程中曲靖市政府要求挂钩联系的企业至少以捐赠的方式参与。社会组织参与的也很多，如案例中出现的复旦大学、上海职教集团、中国工程院、云南省设计院、青基会、儿基会、香港乐施会、德国汉斯·赛德尔基金会等。政府作为最重要的主体在开发式扶贫实践中会以多种形式实现整合，在政府内部就有不同形式。有时会以"单一部门"的形式参与整合，如在各案例中政府部门以行业扶贫的身份参与扶贫，中央部委以定点帮扶的形式参与扶贫。但更常见的是以"多部门"的形式参与整合，如沪滇合作领导小组、省长挂帅的独龙族整族帮扶的案例中省直32个部门和企业组成的独龙江乡整乡推进独龙族整族帮扶综合开发统筹协调小组。有时以"多级政府"的形式参与整合，如"866"整村推进工程，省、市、县、乡都有涉及。有时则是以"多级+多部门"的形式参与整合。扶贫本来就是一项综合性的工作，这种形式很常见，尤其独龙族整族脱贫几乎就是动员"全省之力+上海援助+中央资金"。

政府还以多种形式整合自身以外的主体。如在"送母分仔"和"石斛种植"项目中政府都通过优惠政策和资金补助来整合企业参与当地的产业开发。昆明市禄劝农业局和香港乐施会也以成立项目办公室的形式实现对NGO的整合。除了这种多主体间直接的合作，政府还会以"创建新机构"改变既有主体的性质的形式运用新的运行机制直接整合异己机制；也会通过创建一个新的附属主体，从而通过其他机制去整合别的资源。这种"另类"的整合在"866整村推进""沪滇合作"中都有丰富的表现。如待补镇政府要完成小城镇建设面临着很大的资金缺口，单凭政府自身资金远不足以补足资金缺口。待补镇政府为了充分整合市场资源，运用市场机制盘活现有的国有资产，成立了城投公司。城投公司采取政府控股、当地企业参股的融资方式，采用的是"以借地生财为主、财政投入为辅"，通过对国有资产的盘活和国有土地使用权的拍卖等方式，充分发挥融资平台的功能。还有在"送母分仔"的案例中，在政府的主导与支持下成立的行业协会，其性质虽然不是政府也不是企业，但具有如政府一样提供各种服务的功能，也代表农户同别的企业签订产销合同。协会的成立弥补了政府行政机制的不足，完成了政府身份不能完成的任务。其实"春蕾计划"中也有类似的机制，通过成立儿基会，妇联系统实现了用公益机制完成自身使命的过程。

社会主体也积极地出现在各个案例中。第一，以大学为代表的学术机构的参与。如"独龙族整族帮扶"案例中研究机构对保护独龙族民族文化的建议、整个项目规划的论证；"沪滇合作"中双边高校的合作、上海中小学老师来云南支教、云南中小学老师到上海培训进修。第二，媒体的身影无处不在。如在"春蕾计划"中，媒体形成了舆论优势和良好的口碑，并对项目实施过程进行监督，可以说媒体对儿基会的认可是项目不断发展最有利的"背书"；在"沪滇合作"中，媒体对双边各种推介会、展销会的宣传作用显著，其中党的主要媒体对各项目的宣传动员更是功不可没。第三，社会组织更是不可或缺的力量。无论是儿基会还是青基会在扶贫领域中的影响力都是人尽皆知的。乐施会的参与不但提供了资金支持，其扶贫的理念和手法也影响了当地的扶贫系统，为当地政府实施参与式扶贫提供了示范和直接经验。还有如在"送母分仔"案例中，在当地政府帮助下建立起来的产销协会，也发挥着养殖技术的培训指导、代表种植户与种植基地协商谈判的作用。第四，贫困地区的群众也是政府重要的整合对象。开发式扶贫最重要的地方在于对农民赋能，使其具有"造血"能力，实现自我发展、自我脱贫。因此，在各种项目的实施过程中，政府都注重当地群众的参与，如以前的"以工代赈"案例中都有群众的"投工投劳"，群众在项目设计、实施、监督过程中功不可没。

第二节　"政府主导"下各参与主体的作用

在这一维度中，我们分别从政策及合作规则的制定、合作对象的选择、扶贫资金的筹集与分配三个方面来看政府、企业、社会组织在各个案例中的相互关系。从表5-1中可以看出，政府几乎在每一个案例中都起主导作用，只是在金融助学和春蕾计划中没有占到绝对优势，但是回到案例背后分析项目的背景时就可以发现政府在这一项上掌握着绝对主导权。金融助学由于是上海信托主动发起的，上海信托也是主要的认购方，所以在项目的设计与合作伙伴的选择上多是以上海信托为主来完成。但实际上，上海信托的行为仍是政府主导下的结果。一方面，上海信托设计金融助学这个项目参与扶贫，并且专门针对云南省的贫困地区，很大程度是基于沪滇合作这个大背景。作为一家国有控股的大企业，公司的企业社会责任的履行必须和党的方针政策相一致，上海市政府也在不同的场合要求上海的企业积极以各种形式参与沪滇合作。另一方面，金融助学整个计划的实施都在政府的法律和政策框架内。上海信托以信托的形式管理这个项目，一切都要符合《信托法》的要求；并且在云南方面的合作对象还是政府，政府可以随时掌握项目的内容和方向。在春蕾计划中也是如此，虽然项目的设计也是由儿基会来完成，但妇联系统仍然是儿基会的主管机关，与其他主体合作规则的制定权也由政府控制。在其他案例中政府的绝对优势更是明显，在"866"整村推进和独龙族帮扶这种以政府为主体的项目中，政府不但制定了整个项目的规划，也是项目具体的实施者和监督者。政府可以设计项目的目标，出台相关文件要求各行业部门或项目地政府积极参与，也可以直接出台优惠政策鼓励企业参与产业扶贫，或是通过税收减免鼓励企业积极捐款。

在合作对象的选择这个指标上政府的作用依然大于企业和社会组织，企业又大于社会组织。其实在各案例中可以发现，掌握了政策的制定权和合作规则的主导权自然就控制了参与主体的"准入权""选择权"。实际上，政府一直都存在一套选择合作对象的标准，尤其是对社会组织。因此，中国政府对于社会组织，尤其是国际 NGO 的管理相当严格。政府对 NGO 采取"双重管理"的策略，既有登记机关的审查也有业务主管机关的控制。如在香港乐施会和云南省扶贫办的 CDD 项目中，云南省扶贫办名义上是乐施会的合作伙伴，同时也是乐施会的业务主管机关。乐施会要在云南开展活动首先要在云南省民政厅注册，获得民政厅备案许可，并且必须经过云南省扶贫办外资中心的许可。所以外资中心为了管理方便主动与乐施会签订合作协议，而省扶贫办还要对省外事办负责，即省扶贫办与乐施会开展具体的项目时还要经过省外事办的备案才算拥有了行动的合法性。在云南开展扶贫活动的世界宣明会等国际组织都要接受类似的管理，否则就得不到合法的身份。青基会和儿基会这样的具有官方背景的社会组织的活动空间就相对广阔得多，政府与它们之间的合作自然也更加深入，所以在春蕾计划中能动员基层的教育部门积极配合项目的实施。像儿基会这样具有官方背景的社会组织通常都能自由地进入社会的各个领域，如在春蕾计划的案例中，哪怕在教育这样意识形态的重要阵地，它也可以顺利地开展项目。在具体的运转中，儿基会对于各地"春蕾生"名额的发放，或是"春蕾学校"项目的选址虽然都可以按照自身的需要决定，但对于当地政府的意见往往也十分重视。政府和企业之间的合作则相对简单，由于企业主要以盈利为目的，加上政府本身也提倡减少对市场的干预，让市场在经济活动中起决定性作用，所以，政府对于企业的控制就不如对社会组织那样严格，但也不是完全不加以选择。贫困农户本身就是弱势群体，企业以赢利为目的的天性很难保证农民在与企业的合作中不被侵占利益。因此，政府首先更愿意挑选国有企业，其次是社会声誉好的民营企业。

在扶贫资金的筹集与分配上，从表 5-1 可以看出政府的作用仍然大于企业和社会组织，但是差距已不那么明显。案例中的实际情况也是如此，如在 CDD 项目中政府与乐施会的资金配比为 1∶1，在春蕾计划中一所春蕾学校儿基会通常出资 50 万元起，更多的资金还是教育口的资金。在 866 和独龙族整族帮扶的案例中，政府的资金也是主要的资金来源，但群众自筹和投工投劳也能占到不小的比例。在资源的分配上，政府和其他组织有着不同的逻辑。对于政府自身的项目，首先，对于具体的项目来说，会将受益人口的多少作为立项与否的一个指标。其次，由于政府资金有限且存在需求缺口，对于资金的分配有一定的政治性，如独龙族整族帮扶项目。"民族团结，不让一个民族掉队"的政治导向是该项目受到全省乃至中央关爱的重要原因，所以大量的资源投入该项目。再次，定点帮扶在政府的扶贫格局中占有重要地位，几乎所有政府部门或领导都有自己的帮扶对象。为了完成脱贫的任务，这些部门或领导不但要把自己的行业资源优先考虑帮扶地区，还要出面协调其他资源。所以定点帮扶单位的实力和领导个人的人际关系对扶贫资源的配置也有着一定的影响。

可见在项目整体的实施管理上，政府仍然是主要的实施者与监督者。特别是在以自身为主体的项目中，如在"866"整村推进、独龙族帮扶中，项目的规划、决策、组织实施、验收都是以政府为主完成的。其实执行是政府主体在整合中最重要、最广泛的活动领域。在我国，政府仍是组织机构最为庞大、拥有最多资源和能力的主体，因此从效率的角度来说，政府参与执行也是客观要求。尽管政府永远处于多元主体互相联接的中心，但其他主体也会成为项目组织工作的助力，例如在独龙族帮扶的项目中为了发展当地旅游业，政府就通过云南省旅游协会整合市场资源。云南省政府整合自身和上海援助资金重点打造基本的相关设施，省旅游协会则负责当地导游的培训并整合知名的旅游公司来开发具体景点。既然是多元整合，就不是政府包揽一切。更何况整合的初衷就是政府要利用其他主体、资源、机制实现凭一己之力无法实现的目标。所以，政府也真诚地希望其他主体积极参与，不但要发挥它们自身的优势，而且要通过合作实现所有参与者的优势互补。如在 CDD 项目中禄劝的办公室由政府和乐施会共同出人组建。政府方面负责总的"监督"和一些与其他政府部门打交道的工作，而乐施会方面负责项目具体的实施。政府出地方、出车辆等办公设施，乐施会负责日常的开支。这样既借用了政府的优势方便项目的进入和开展，对于当地政府来说乐施会的工作也是有利的补充。在整个 CDD 项目中政府与乐施会更多负责前期的培训、组织发动，后期的监督验收、评估总结，项目实施过程的管理都由村民自己完成，这也是项目的本意。综上所述，政府掌控着整合的所有环节，企业和社会组织主体所发挥的作用和承担的角色由政府决定。一般情况下政府之外的主体只能在资金的筹集和分配、项目的执行实施上完成行政机制所不能做、不方便做的工作。但在特殊情况下，政府会根据自身的需要与合作对象的性质、声誉，让它们承担项目的策划设计工作，甚至可以参与决策。但所有的主导权都由政府掌握，政府可以选择合作的对象，按自己的需求设定合作方案。

第三节　整合维度

从表 5-1 中不但可以看出在所选的案例中政府内部强有力的横向、

纵向、全面的整合方式，也有政府丰富多彩的跨部门整合类型。

从政府内部的整合来说，在"866"工程中，曲靖市政府为了实现整合成立由党政一把手挂帅的"866"整乡推进领导小组，县、乡政府也成立各自的领导小组，实现了市、县、乡三级政府的垂直整合。领导小组由各政府部门一把手组成，并给各部门布置了资金整合任务和挂钩联系乡镇，这实现了政府内部多部门横向的整合。在待补镇糯租村的具体案例中，挂钩联系组由会泽县纪委牵头，由县委县政府以文件形式整合滇能曲靖协联电力公司、中国财产保险会泽支公司、会泽澜沧江磷业有限公司为糯租村的挂钩单位，又实现了政府对企业的整合。县纪委出面向县教育局、团县委争取了去会泽言爱学校学习的名额和希望工程的校舍改造资金，使社会资源进入待补镇的整乡推进工程。在"独龙族整族帮扶"的案例中也是如此，最高层面有前后两届中央领导的指示，省级层面成立了由省直32个部门和企业组成的独龙江乡整乡推进独龙族整族帮扶综合开发统筹协调小组，怒江州、县分别成立独龙江乡整乡推进独龙族整族帮扶领导小组，甚至在乡、村两级组织625人成立扶贫攻坚突击队长期驻村入户、一线帮扶。从组织形式上看，几乎整合了全省各行业的力量。除了云南省内的全面整合，还与上海政府横向合作，如上海市民宗委与云南省民委就共同负责独龙江乡腊配、普卡娃、迪政当、巴坡、龙元、钦兰当6个安置点323户安居房建设，到2013年共整合资金8000余万元。

政府跨部门整合的形式就更加丰富。在沪滇合作的案例中，上海和云南双边合作为我们展现了地方政府之间的整合、中央对地方政府的整合。双边政府在中央东西协作的战略部署下，以互利互惠、平等协商为原则，实现了双边各种资源的整合，实现互利共赢。双边政府分别成立了"上海市对口支援与合作交流工作领导小组"与"云南省沪滇合作对口帮扶领导小组"来实现对各自政府内部的横向整合。上海方面将与云南对接的四个州市与自己下属的 18 个区县对接，权力下放由区县直接和相对应的地州衔接。市政府一方面拿出部分自己财政收入支持各区县的帮扶工作，另一方面出台相关政策鼓励企业和社会各界参与。如双边大学签署合作协议，复旦大学与云南大学深化联合培养本科生改革，加强学位与研究生教育合作，深入探究人才培养体制机制，强化两校信息化建设合作。上海国际信托公司募集社会资金，与上海师范大学合作，为云南省边远贫困地区培养中小学教师。上海 18 个区 100 所中小学对口援助云南 19 个贫困县 100 所中小学。在沪滇合作中双边的宣传主管部门更是相互合作集中双边各种媒体大力宣传沪滇合作的各个项目或产品，不断宣传云南高原特色农产品，鼓励各界人士为云南贫困山区出钱、出力。云南团省委通过青基会为独龙族整族推进项目招募各种志愿者，开展项目点的徒步行活动进行项目的宣传。该案例中还有政府对企业的整合。如上海光明集团在参与产业扶贫时就是当地政府、上海帮扶资金、光明云南石斛公司共同发力，项目地政府利用上海帮扶资金建设好项目基地（产权属于合作社），交由光明云南石斛公司经营管理 6 年，后者同时负责后期投入，6 年的经营期内保底分红，经营期满后交还合作社。此模式中，市场机制和行政机制得到了完美的融合，既保证了企业盈利又保障了农户的利益，形成了稳固的利益联结。

如在"送母分仔"的案例中我们可以看到政府以基层组织为基础成立专业合作社，一方面，代替了政府的部分职责，如挑选养殖户，母畜的发放、监管、回收，保证项目的循环发展，提供养殖技术培训与指导，疫病防治，改良品种，组织养殖户统一购买饲料，等等。另一方面，合作社也可以作为企业把养殖户组织起来参与市场竞争，合作社比单个养殖户更能掌握市场的信息，在议价上更有主动权。成立的专业合作社既发挥了政府提供服务的职能，又实现了盈利与投资的双重目的。

在待补镇的小城镇建设中也可以看到政府通过成立国有控股的城投公司以整合市场的融资机制募集资金建设集镇。

这种通过成立不同性质的，并且仍由政府控制的组织，从而整合别的主体及机制的方式在"春蕾计划"中发挥到了极致。妇联系统虽然在法律上属于群团组织，但在实际中也算得上"准政府部门"，其人员构成也多是参公管理或是事业编制身份，活动经费也是财政拨款，也履行着政府的服务职能。虽然是"准政府部门"，但其经费、人员配置都十分有限，同时其面对的社会问题又十分广泛。为了化解目标与能力之间的矛盾，妇联也成立妇女、儿童基金会来帮助自己解决问题。成立新的组织实现了对公益机制的整合，从资源的募集来说，儿基会是全国少有的具有公募资格的基金会，因此它可以从社会上募集资金。中国自改革开放后，社会的资源和力量不断壮大，掌握在政府手中的资源比例在缩小，而政府自身面对的问题却日益复杂与多样化。一是许多社会问题涉及家庭内部，政府无法干预，二是大量存在于社会之中的资源，政府很难以行政的手段去利用开发。而通过成立社会组织整合公益的机制就实现了对社会资源的利用，从而解决一些棘手的社会问题。其实"春蕾计划"在实施过程中，不是单一地借用社会机制，而是实现了行政机制和公益机制的深度整合。无论是中国儿基会还是各省自己的儿基会都是依托妇联系统运行的，整个项目不但整合了政府的可信度、妇联领导的动员这样的软力量，也整合了整个妇联系统本身。儿基会的项目从执行上来说就是依靠各级妇联系统来落实的，中国儿基会负责项目执行的人员有限，各地各层级妇联负责人通常只有1~2人，但行政背景和层层领导关系使其能够与地方教育系统、政府部门、企事业单位建立联系，保证项目的执行。另外，"春蕾计划"从筹资方面来说，妇联系统本身就是很好的筹资渠道，借助政府的背景，各级妇联既可以整合政府内部的资源，也可以动用社会力量积极参与。总之，各地妇联的项目执行能力和筹资能力保证了"春蕾计划"在全国大规模落实。另外，随着"春蕾计划"的不断发展，儿基会与一些大的捐方如玫琳凯、中国人寿保险、中国空军、音乐之声栏目组等形成了深度的战略合作伙伴关系，这些不同主体不但捐款，还利用自己的优势参与项目的设计、推广，如可以利用玫琳凯和保险公司的销售渠道和客户再次募捐、宣传项目。可以说与这些主体的合作实现了对市场主体、市场机制的二次整合。

在对国际NGO的整合中，政府通过严格挑选合作对象和双重管理的制度达到了既控制又利用的目的。如在"CDD项目"中，省扶贫办选择了与组织背景相对可靠，不参与政治、不涉及宗教的香港乐施会合作，通过配比资金、协助工作的方法把乐施会的工作机制、资源、人员、理念都整合到云南的扶贫事业中来。在合作的过程中既给乐施会一定的自由度，又实时掌控其动态，乐施会也很乐意这种合作，自身能顺利完成项目，通过自己的工作方式也能潜移默化地影响政府，树立新的扶贫工作机制。

政府通过上述形式，成功地运用自身的行政机制吸纳整合了外部的机制——市场机制和非营利机制。在此种整合维度下，政府可以顺畅地进入市场领域或社会领域，自如地运用市场机制或社会机制实现自己的扶贫目标。

第四节 整合途径

一 组织形式

在我们的案例中出现的主要组织形式，包括层级型组织、网络型组织以及兼具这两种组织特点的混合型组织。

　　由于政府是农村扶贫的主要力量，而科层制是政府主要的组织形式，所以层级型组织在案例中广泛存在，以扶贫办系统的组织结构最为典型，从中央到乡五级政府都有其组织体系，当地政府是其主管单位，上级扶贫办只存在业务指导关系。层级型在政府内部不可替代的重要作用在这里不再重复，层级型组织在以政府为中心整合多元发展方式时，是重要的基础，在我们所有的扶贫案例中，层级型组织发挥了"骨干"作用。

　　同样，网络型组织也得到了广泛运用。如各种领导小组①形成的虚拟组织，这种领导小组并没有正式的办公机构，有的抽调工作人员，有的甚至连正式的工作人员也没有，领导小组通过政府办公室来召集各政府部门布置下达任务。这种领导小组通常为解决某一议题或项目而设立，通常各级政府都有类似的领导小组存在，但各级领导小组并无隶属或指导关系。这种领导小组就是一个临时性的议事协调机构，具有阶段性，当某一议题结束时，该领导小组自然也就消失了。如云南省及怒江州各级政府的"独龙族整族帮扶领导小组"，上海与云南共同成立的"沪滇合作领导小组"。

　　网络型组织有如乐施会与禄劝县农业局成立的项目办公室的组织形式，这种组织形式中，双方基于共同的目标形成合作关系。政府与社会组织又有各自的运行模式，垂直型组织赖以维系的垂直命令链、等级森严的组织结构，既不能容忍参与者的独立性，也不能容忍参与者之间的平等关系，因而不适于为彼此平等的独立主体之间的合作提供组织支撑。所以，网络型组织在多元主体整合中被广泛使用。虽然该办公室设在政府内部，但并不是政府内的组成部门，只是便于政府掌握其活动情况和合作项目的顺利进行。该办公室的运行在遵守中国的法律和政府人

---

　　①　本书中的领导小组主要指一种临时性的、阶段性的工作机制，并非那些长期存在的议事协调机构。

员的监督下按照乐施会自身的工作方式进行，只要其工作是致力于扶贫救灾，政府就给予最大限度的配合，相互的干预并不是太多。同样在CDD项目中省扶贫办及项目地政府与乐施会之间的合作也是网络式的组织形式。网络型组织既可以保留它们的独立性，使它们按照自己的本性运行，又可以支持它们之间的有效协作。

其实在具体的实践中，单纯地依托层级型组织实现的垂直整合或是依托网络型组织实现的水平整合并不多见，常见的是两者混合型组织形式。在多数案例中，政府、企业和社会主体同时出现，既要整合政府与非政府主体，又要整合不同级别的政府以及不同的政府部门；要整合政府与非政府主体就需要网络型组织，而要整合不同级别的政府以及不同的政府部门就需要层级型组织；要同时完成上述整合就需要混合型组织，所以这种组织形式得到了广泛使用。实际上，以政府为中心的多元整合所要求的组织形式必然是混合型组织。这种情况在案例中都有充分体现。如沪滇合作与CDD的项目管理体系就是这种混合型的组织结构，在"春蕾计划"中这种组织形式更为典型。儿基会内部就是这种混合型的组织结构，中国儿基会与各省的儿基会是不同的法人组织，不存在相互的上下级关系，一方面可以理解为平等主体间基于共同的组织理念合作共同分享、发展"春蕾"这个品牌；另一方面二者又各自受妇联系统的领导，通过和妇联系统的上下级关系，二者在一定程度上就不再是纯粹的平等合作。儿基会作为一个整体自然要采取社会组织的运行机制，但其项目大量地依靠政府其他部门特别是教育部门，因此要兼容二者的运行机制只能采取这种混合的组织模式。

二 整合机制

在案例中出现的主要整合机制有行政权威、利益满足与价值认同。

在以上案例中，核心的整合机制是行政权威。所以，政府权威能够在多元整合中发挥核心作用。正是这种政府权威决定了所有国内的社会组织和国际组织要想在中国扶贫中取得成果就必须依靠政府的密切合作。一是政府权威有高度的可信度，能保证项目顺利进入，不会受到各级政府或相关部门的阻力。二是能提供可靠的项目配套资金。世行西南扶贫贷款项目经理皮安澜先生在接受云南省扶贫办外资项目管理中心的访谈时就曾强调："中国政府的支持与配合是世行扶贫项目取得成功的关键因素。世行在非洲也搞过跨地区、跨行业的项目，但无一例外都失败了，与中国比较，失败的原因就是非洲国家政府没有力量组织、配合、协调世行的扶贫工作。"①

当然，核心纽带行政权威是由政府控制的，它能发挥作用的前提是政府要有使用它的意愿。联合国发展计划署（UNDP）于1991年发表的《人类发展报告》中曾强调：缺乏（扶贫的）政治意愿，常常是造成发展中国家的人民受苦的真正原因；目前，大部分发展中国家资金投入不足，即便有资金投入，也常常使用不当。国务院扶贫办党组成员、中国国际扶贫中心主任张磊在总结中国扶贫经验时强调："强有力的政治意愿和政府承诺是实现减贫的根本保证。中国政府先后多次就减缓贫困向国际社会做出承诺，并制定减贫计划，集中力量付诸行动。"② 中国农村扶贫的文件中也体现着这种扶贫的政治意愿和决心，"消除贫困、实现共同富裕，是社会主义制度的本质要求。扶贫开发事关巩固党的执政基础，事关国家长治久安，事关社会主义现代化大局。深入推进扶贫开

---

① 张慧君、欧志明：《国际组织在云南扶贫的实践与影响》，云南人民出版社，2012，第89页。

② 张磊：《政府在减贫中的作用》，人民日报理论版，http://theory.people.com.cn/GB/41038/5526157.html，最后访问日期：2015年3月21日。

发，是建设中国特色社会主义的重要任务"。① "解决以至彻底消灭贫困是一项具有重大的、深远的经济意义和政治意义的伟大事业。因此，各级政府必须遵循邓小平同志建设有中国特色社会主义理论和党的基本路线，坚持效率优先、兼顾公平的原则，进一步加强扶贫开发工作。"② "缓解和消除贫困，最终实现全国人民的共同富裕，是社会主义的本质要求，是中国共产党和人民政府义不容辞的历史责任。这是贯彻邓小平同志共同富裕伟大构想和新时代习近平重要思想的一项战略决策，是全面建设小康社会、实现社会主义现代化建设战略目标的一项重大举措。"③ 云南省把扶贫工作用法律的形式固定下来本身就是一种政治意志的体现，云南省人民代表大会颁布了《云南省农村扶贫开发条例》，规定县级以上人民政府都要制定自己的农村扶贫开发规划，并将扶贫工作纳入本地区的经济和社会的五年规划。明确指出各地在涉及扶贫的金融服务、建设用地等方面要给予优先保障，规定每年省财政的扶贫专项资金不能低于中央投入云南专项扶贫资金的30%。

但是，强制与命令无法保证被整合的主体积极投入，因而不能充分发挥它们所拥有的资源和机制的功效，而且随着市场、社会、法制日趋成熟，非政府主体的自主性越来越强，相应地，依靠强权实现整合的难度也越来越大，所以有效的整合不能仅仅依赖政府的行政机制。

实际上，最有力的整合机制是"利益交换"。所谓"利益交换"，是指利用潜在参与主体的逐利动机，通过满足其利益诉求，换取其积极合作。这一整合机制适用于各类主体。在光明集团参与产业扶贫的案例中，在石斛种植项目上云南独有的自然种植条件和政府的政策优惠、大力扶持加上巨大的市场需求意味着诱人的获利空间。对于种植农户来说

---

① 引自《中国农村扶贫开发纲要（2011—2020年）》。
② 引自《国家八七扶贫攻坚计划》。
③ 引自《中国农村扶贫开发纲要（2001—2010年）》。

不但有稳定的地租和工资收入，也不必担心市场风险，还有免费的技术培训。只要能赚到钱，尝到甜头，不用政府推动自然会积极参与。不但企业会积极响应"利益信号"，社会组织也是如此。社会组织之所以要参与中国政府的扶贫工作，是因为不仅可以得到政府的配比资金，有的还能获得活动经费和免费的办公场地，还可以获得准入机会以及政府提供的"背书"，使项目顺利进入。专家学者同样可以从参与中获利，如提升名望、结交精英、获取课题经费。

最隐秘的整合机制是"共同目标"下的价值认同。共同的价值、信念、目标对于任何一种组织的有效运转都是至关重要的，对于网络型组织尤其重要。在没有层级组织进行垂直整合的条件下，除了互惠互利之外，价值认同是能够使一群彼此独立的主体进行有效的协作的重要机制之一，或者说是实现水平整合的重要"整合机制"之一。在沪滇合作的案例中，正是中国共产党倡导"全国一盘棋"，改革开放时代提出"共同富裕"的理想，先富帮助后富这种政治理念客观上要求进行东西合作，才有了上海帮扶云南发展的扶贫项目。在"全面建成小康社会"这种共同的价值理念下，才有了上海和云南双方共同的目标，双方把这共同的目标列入自己五年经济发展规划和年度计划。正是这种共同的价值理念、共同的目标使沪滇合作中诸多类型的组织联系在一起并能很好地相互协作。如上面提到的混合型的组织中不同的主体能产生联系、有效合作就是基于双方有共同的组织愿景和共同的目标，这一点非常重要。混合型组织的组织形式相对松散，不存在命令式权威，共同的目标和组织愿景是保证彼此间的合作的前提。如 CDD 项目在设计规划阶段就主动与各级政府的扶贫规划、政策、目标、重点相互融合，沪滇合作的项目也是如此，所涉及的州县政府也把合作的项目纳入当地同期社会经济发展规划和年度计划。

深入人心的扶贫救济的文化氛围赋予扶贫巨大的道义力量、不可抗拒的号召力和势不可挡的动员能力。而且中华民族几千年共同的文化传承下来的共同的价值观也发挥了重要的整合作用。中国传统政治文化建立在"仁"的基础之上，并将之具体化为"仁政"思想，孟子要求为政者"以不忍人之心，行不忍人之政"，《礼记·大同篇》提出"老有所终，壮有所用，少有所长，矜、寡、孤、独、废疾者皆有所养"的社会理想，儒家的"忠恕之道""老吾老以及人之老，幼吾幼以及人之幼""己欲立而立人，己欲达而达人"等理念，为社会成员之间的无私互助提供了坚实的伦理基础。古往今来，"大家庭"是一个强有力的暗喻，提示人们牢记"四海一家"。党的执政理念也继承了这一传统，倡导"全国一盘棋"，"一方有难，八方来援"。在沪滇合作中，每年那些上海来云南支教的老师、大学生，还有那些医疗队伍，他们成行之初可能有政府的推动，有尽义务的成分，但是在完成各自"任务"之后，他们不但慷慨解囊，资助贫困学生，自己掏腰包给患者手术，还动员自己的个人关系拉来赞助或是更多的捐赠。他们之所以会有这些善举，正是他们身体内共同的文化使之产生共鸣。

在扶贫的实践中，上述"整合机制"往往同时发挥作用。例如，在沪滇合作中，政府权威有效地整合两地各级政府，利益交换使两地和社会组织参与其中，人际友情在项目的运作中发挥了重要作用。尽管所有的案例描述都未涉及"人际情感"，实际上，这一因素的影响可以说"无处不在"。如在沪滇合作中那些大量来支教的老师，很多都是当年来云南生活过的知青或是其后人。他们一方面基于单位的动员，另一方面主观上就觉得"与云南这片土地有着天然的联系"。上海信托的董事长也是基于其在云南工作过的感情，在公司对云南的公益活动中亲力亲为，是金融助学主要的推动者。

第六章
整体性——精准
扶贫的最大
特征

中国农村的开发式扶贫模式是处于"一元化"惯性和"多元化"趋势下，中国政府在实践中不断摸索和在与世行等国际组织合作中积累创新而形成的一套有效的公共治理机制。这套机制不但在实际中取得了良好的成绩，在国际上也得到了广泛的认可。对于本项研究而言，完成对中国农村扶贫模式内在治理机制的理论归纳对于中国公共治理模式的丰富具有重要意义。因此，本章的任务就是在治理理论的视野下完成对中国农村扶贫治理机制的构建。

第一节　"整体性"的内涵与表现

精准扶贫的治理模式体现出一种政府主导下的"整体性"特征，具体表现为：第一，在党的领导下政府几乎动员了现存的一切"主体""机制""资源"参与农村扶贫事业，以整个国家的力量来解决少部分人的贫困问题。第二，精准扶贫模式避免了公共管理中容易出现的"九龙治水、各自为政"的碎片化治理问题，实现了政府内部各部门各层级之间，政府、市场、社会之间的有效的协同治理。基于此，本书将该种模式概念化为"整体性扶贫"（Holistic Poverty Reduction）。对于目前的中国政府而言，"整体性扶贫"模式所处的"多元化"背景是伴随着改革开放、市场经济制度的逐步完善，国家与社会不断分离，是政府主动放弃对社会的完全控制，意味着传统一元化时代的政府管控方式将不再适应新的环境。这是一个政府职能与市场调整、社会治理三者不断调整平衡的过程。这种扶贫模式是脱胎于计划经济，具有典型权威式政府印迹的公共管理模式，是根据时代需求和客观环境不断创新的结果。而源自西方的治理理论的"多元化"背景与之不同。可以说中国农村扶贫模式只是具备了一些多元化的表面特征，市场经济还须不断完善，社会组织还处于一种"依附式"的发展状态。而西方国家的"多元化"是建立一种政府、市场、社会可以三足鼎立的社会格局，政府并不能"主导"市场和社会而只能是一种引导。西方的"多元化"是一种漫长的历史演变，中国的多元化是中国政府近40年来急剧转型的结果。中国农村扶贫治理模式正是在这种转型背景下诞生的一种公共治理机制。虽然与以世界银行为代表提供的扶贫模式有着很多的相似点，但完全是基于不同制度环境的扶贫模式，具有自身的独立性。这种独立性在前文中已或多或少地体现，在这一章中我们将通过与在第二章文献综述中归纳的世行扶贫模式的一些典型特征进行系统比较，确立整体性扶贫的独立性。

一 整体性扶贫的内涵

我们可以把中国农村扶贫的特征归纳为一种"整体性"，这种"整体性"具有以下内涵。

第一，表现为政府几乎动员了现存的一切"主体""资源""机制"参与农村扶贫事业。参与扶贫的主体既有政府专职的扶贫部门，又有政府的职能部门和各级地方政府，也有其他的"国有部门"如国有企业、事业单位等，还包括独立于政府的企业、社会组织和个人。甚至在现有精准扶贫模式中，党委和法检系统也深度参与，如组织部系统的"党建扶贫"选派优秀干部驻村担任"第一书记"，在农民专业合作组织、农业产业协会、产业链各环节新建党组织，把基层党组织建设成带领群众脱贫致富的坚强战斗堡垒。还比如纪检系统在完成自身定点扶贫任务的同时，也在本职工作内加强扶贫领域监督执纪问责工作。中央巡视机构组织开展扶贫领域专项巡视，把扶贫领域腐败和作风问题作为巡视巡察工作重点。集中曝光各级纪检监察机关查处的扶贫领域典型案例，为打赢脱贫攻坚战提供了坚强保障。再如最高人民检察院联合国务院扶贫开发领导小组发布了《关于检察机关国家司法救助工作支持脱贫攻坚的实施意见》，充分履行检察职能，加大司法过程中对贫困当事人的救助工作力度，助力打赢脱贫攻坚战。

　　同时上述各种主体掌握的资源——政府掌握的资源、企业掌握的资源、社会组织和个人掌握的资源等也被集中到农村扶贫事业中。如在政府内部，国务院发布的《国务院关于探索建立涉农资金统筹整合长效机制的意见》推进了政府内部各行业涉农资金的整合与统筹。对于社会资源，《国务院扶贫开发领导小组关于广泛引导和动员社会组织参与脱贫攻坚的通知》鼓励各类社会团体、基金会、社会服务机构在产业扶贫、教育扶贫、健康扶贫、易地扶贫搬迁、志愿扶贫等领域发挥自身专长和优势，促进社会帮扶资源进一步向贫困地区、贫困人口汇聚，在承担公共服务、提供智力支持、实施帮扶项目、协助科学决策等方面主动作为。

　　相对应的，多元主体各自遵循的运行机制、行政机制、市场机制、社会机制（公益机制或非营利机制）等也在农村扶贫领域内并行。2014年发布的《国务院办公厅关于进一步动员社会各方面力量参与扶贫开发的意见》指出，广泛动员全社会力量共同参与扶贫开发，是我国扶贫开发事业的成功经验，是中国特色扶贫开发道路的重要特征。各级党政机关、军队和武警部队、国有企事业单位等率先开展定点扶贫，东部发达地区与西部贫困地区结对扶贫协作，为推动社会扶贫发挥了重要引领作用。民营企业、社会组织和个人通过多种方式积极参与扶贫开发，社会扶贫日益显示出巨大发展潜力。为了充分整合各方力量，网络也被整合进来。习近平总书记曾指出，要实施网络扶贫行动，推进精准扶贫、精准脱贫,让扶贫工作随时随地、四通八达,让贫困地区群众在互联网共建共享中有更多获得感。随后由中央网信办、国家发展改革委、国务院扶贫办等部门联合印发了《网络扶贫行动计划》和《2019年网络扶贫工作要点》,要求充分发挥互联网在助推脱贫攻坚中的重要作用,实施网络覆盖、农村电商、网络扶智、信息服务等扶贫五大工程,推进精准扶贫、精准脱贫。

第二,"整体性"表现为政府采用了多元化的组织模式。针对不同的扶贫主体,根据其固有的行为逻辑以及其与政府的法律关系,中央政府设计了不同的动员、协调、管理方法。这样一来,就在农村扶贫的大格局中形成了多元化的扶贫模式,包括专项扶贫、行业扶贫、定点帮扶与东西协作、社会力量扶贫。比如专项扶贫和行业模式体现了典型的科层制的组织方式,专项扶贫具体由扶贫办系统负责。国务院扶贫开发领导小组办公室是国务院的议事协调机构"国务院扶贫开发领导小组"的日常工作部门,负责拟订贫困地区经济开发的方针、政策和规划,协调解决开发建设中的重要问题;督促、检查和总结交流经验。行业扶贫则由政府的各职能部门负责,各部门根据自身的行业特点和管理职能重点扶持贫困地区的相关经济建设和社会发展。定点扶贫与东西协作则是中国府际协作的典型,东部地区出钱、出力、出人、出技术帮助西部贫困地区脱贫致富;政府的各职能部门结对贫困地区的各级政府,动员各种资源定点帮扶。市场主体、社会组织也以各自的组织运作模式参与扶贫治理。透过这些多元化的扶贫模式,中央政府得以"直接地"动员现存的各类主体投入农村扶贫事业,并"间接地"将它们遵循的机制及其拥有的资源投入农村扶贫事业。

第三,"整体性"表现为政府建立了自上而下的、全国性的、制度化的协调和激励机制。为了确保多元扶贫模式高效率地协同运行,避免出现"群龙治水、群龙无首"的混乱局面,中央政府建立了中央统筹、省总负责、县抓落实的管理体制。从中央到地方，各级政府成立了扶贫开发领导小组（以下简称"领导小组"）和扶贫办。领导小组由各级政府主要领导挂帅，各职能部门领导为主要成员。以中央领导小组为例，国务院副总理任组长，组员由国务院办公厅、原总政治部、发展改革委、财政部等 28 个职能部门的领导组成。各级扶贫办承担政策制定、项目管理、组织协调等具体工作。除各级政府外，参与定点扶贫、东西协作的主体同样需要在组织内部成立扶贫领导小组和办公室，以实现帮扶工作的顺利进行以及完成与政府扶贫办的对接。此外，中央政府还建立了一套严格的考核激励机制。从中央到地方，扶贫工作实行党政一把手负总责的工作责任制。中央政府还要求各级政府建立有关党政领导干部、工作部门和重点县的扶贫开发工作考核激励机制，并严格根据考核机制进行扶贫工作考核。严格的考核激励机制确保了各项扶贫工作能够得到高质量的落实，保证了扶贫政策能够切实惠及贫困地区和贫困人口。

这样一个自上而下的、以领导小组及其办公室为轴心的、全国性的组织体系，为农村扶贫工作的顺利开展，特别是为多元化主体、机制、资源的有效整合，提供了有力的组织保障。

第四，中国农村扶贫"整体性"中最具特色的是"政府主导"。尽管扶贫领域存在多元的主体、多元的机制、多元的资源，但各种主体扮演的角色不同，各种机制的地位也并不平等，政府始终处于主导地位，其他主体均为"配角"。

政府的主导地位首先体现在政策的制定上。无论是农村扶贫的基础性规则还是一般性的政策都由政府制定，例如中央政府主持制定了三大纲领性文件，而"独龙族整族帮扶工程"的相关文件从头到尾都是省政府制定的。除全权掌握政策的制定外，政府也是政策最重要的实施者，亦是唯一的组织者和督导者。此外，最为重要的是，政府掌握着"准入权"。政府根据自己的需要选择合作者或整合的对象。实际上，政府之外的各类主体是否能够进入扶贫领域都在政府的统一规划之中。与上述一系列权力相对应的，政府同样也是中国农村扶贫事业最终的责任人。

综上，无论是工作格局的规划，还是工作体系的运行，中国农村扶贫事业处处体现着"政府主导的多元化主体、机制、资源的整合"的"整体性"。即"政府主导下多元整合"是其核心特征，这是一种具有中国本土化特征的公共管理机制——在多元参与主体中以政府为整合主体，以科层制（垂直管理）、网络组织（水平协作）相融合的整合结构，以行政权威、利益交换和共同目标、相互协商、建立信任作为整合机制，实现对多元主体、多元机制和多元资源的整合。

二 整体性扶贫的产生

整体性扶贫的产生有其内在原因和外在原因，内在原因是中国农村扶贫本身的内在属性，外在原因是政府的"有限能力和无限责任"所产生的压力。

中国农村扶贫的内在属性由对贫困认识的不断深化和开发式特征两方面决定。首先，学界对于贫困及减贫理论的认识是一个不断深入、演进的过程（如图 6-1 所示）。目前大致可以归纳为四种视角，即经济学视角、社会学视角、政治学视角和多维贫困视角。经济学视角（economic poverty）就是以收入来定义贫困，表现在实践中最典型的就是目前各国通过划贫困线来识别贫困人口的方法。如萨缪尔森等就将贫困定义为人们没有足够的收入的状况。[1] 在人文关怀视角下的贫困分为能力视角和权利视角。能力视角（capability poverty）最先由阿马蒂亚·森

---

[1] 保罗·萨缪尔森、威廉·诺德豪斯：《经济学》，华夏出版社，2002，第125页。

（Amartya Sen）提出，森认为贫困不仅仅是问题，还必须被看做基本可行能力的被剥夺，[①] 这种基本能力的缺乏由个人环境和社会限制造成，从而失去选择其他生活方式的机会。[②] 权利贫困（entitlement poverty）的概念被越来越广泛地运用于贫困研究中。所谓权利贫困是指在缺乏平等权利和社会参与条件下，社会的一部分特殊人群的政治、经济、文化权利及基本人权缺乏保障，使其难以享有与社会正式成员基本均等的权利而被社会排斥或边缘化所导致的一种生活困难状态。多维贫困视角（multiple poverty）认为人均收入只能反映人类发展和贫困的一个方面，而不能充分反映收入之外其他维度的贫困。该视角包括了前面的经济视角、能力视角、权力视角，具体可以分为政治参与能力、经济能力、教育健康水平等个人能力、文化包容等。如 UNDP 2013 年《人类发展报告》的多维贫困就包括了健康、教育、生活标准三个维度，三个维度下包含营养、儿童死亡率、成人受教育年限、儿童入学率等指标。

对贫困不同视角的认识也导致不同减贫手段对应着不同的减贫策略，如经济视角下的减贫理论主要是福利经济学的"涓滴效应"（trickle – down effect）理论，即通过整体的经济发展带动穷人的发展。人文关怀视角下主张赋权、赋能。赋权即通过制度安排消除不利于穷人的政治、经济、文化等领域的各种因素，形成有利于穷人的"权利关系"。赋能，即通过人力资本的开发，提升穷人的健康、技能和智商，使其具有参与市场竞争的能力和在政治进程中能发出自己的声音并具有一定的抵御风险的能力。多元视角下的贫困包括前两种视角，自然在减贫策略上也吸收了上述方法，多维贫困视角涉及健康、教育、就业、政治生活中的参与权、环境保护等多个领域。因此，政府作为提供扶贫这种公共服务的主

---

① 〔印〕阿马蒂亚·森：《以自由看待发展》，中国人民大学出版社，2002，第 85 页。
② 〔印〕阿马蒂亚·森：《不平等之再考察》，社会科学文献出版社，2006，第 13 页。

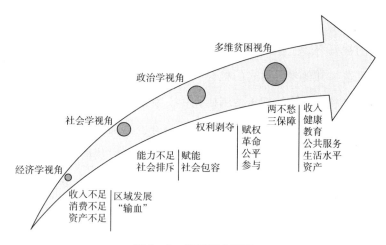

图 6 - 1　贫困概念演变

体，必然涉及政府内部多部门、上下多层级、跨地域的合作。

其次，结合中国实际，开发式扶贫的本质属性也要求这种跨部门、跨层级的合作。"开发式扶贫"有两大特征：一是通过开发当地资源、改善生产条件、培育当地产业来促进区域性的发展；二是以培养提升贫困人群的市场意识、生产技能、外出务工能力等来实现通过其自身的努力脱贫致富。中国农村家庭与城市家庭最大的不同是，农村家庭既是一个消费单位也是一个生产单位，而城市家庭仅是一个消费单位。即农民要完全依靠自己的劳动来生存，这种劳动与城市里的劳动并不完全一致，城市的劳动可以依托现代化工业体系的专业分工分享规模效应产生的利润，不必参与生产的每个环节，而农民则要负责包括生产到销售的所有环节，一个家庭不但要独自承担生产中的自然、技术风险，也要面对进入市场的各种风险。因此农民所承受的风险要远大于城市居民。另外对于广大的农村来说在很长一段时间内都缺少一套有效而完整的社会保障制度，所以在农村可能一场疾病或是一个孩子进一步的升学就能使一个家庭陷入贫困。基于中国农村的这种特点将这一扶贫模式命名为开发式扶贫，而这种扶贫模式的运行就是要使贫困群体在外界的干预下，能通过自己全方位的发展分享到经济的好处，能够搭上全国经济增长的快车。

整体性扶贫产生的外因来自中国经济、政治体制这个大环境。中国市场经济体制改革和对外开放使中国从计划经济时代的一元化格局进入了多元化的时代。在这个多元化格局中，政府主动放弃了把持一切的能力，把大量的权力交给市场，使市场主体获得了很大的自主权，可以与政府一起分享财富的生产、分配的过程。另外国家与社会开始分离，政府不再全面干预社会及个人的生活，社会主体也就获得了独自的权力。政治经济体制的变革给多元主体的出现和壮大提供了广阔的空间。同时市场经济体制改革的深入也是政府不断放权、还权于社会的过程，这样，政府之外的资源越来越多。虽然经济的持续发展使"蛋糕"越做越大，政府的资源也在增多，但可以控制的份额在缩水。从过去计划经济时代对一切控制变成了如今的有限掌握，这就是所谓的"有限性"。这种有限性在扶贫领域有两方面的表现：资金不足和能力缺陷。整个八七扶贫的七年间国家扶贫资金累计投入 1240 亿元，① 这虽然是一个庞大的数字，但是对于 8000 万的贫困人口来说只是杯水车薪。农村社会保障的推出如此之晚，政府财政不足是一个主要方面，并且至今农村和城市依然实行不同的社保制度。另外，开发式扶贫主要的作用点就是发展生产培育市场，行政机制面对市场经济必然行不通，因此政府在扶贫中涉及经济活动时必须依靠大量的市场主体。还有一些问题涉及私人领域，是政府或行政机制难以干预的领域，如贫困家庭中诸如留守儿童、家庭暴力、性别歧视等问题，面对这些问题社会组织显得更加得心应手，如"希望工程""春蕾计划""母亲健康快车""贫困地区儿童营养改善"等项目都是典型的成功案例。改革虽然在经济领域取得了巨大的成功，

---

① 汪三贵、李周：《中国的"八七扶贫攻坚计划"：国家战略及其影响》，《上海扶贫大会会议报告》，2004。

但是社会贫富差距的拉大带来了社会治理的压力。因此，通过"扶贫"实现"共同小康"是中国政府解决这种政治合法性压力的有效途径。所以在扶贫领域，党和政府都有强烈的扶贫意愿。中国共产党的宗旨和执政理念引领着中国政府必须打赢脱贫攻坚这场战役。"社会主义的本质就是消灭贫穷"，减贫、消灭不平等是党和政府一项重要的政治工作；"共同富裕"发展战略也要求党和政府积极减贫；"共产党要代表中国最广大人民的根本利益"更加明确地将减缓贫困上升到国家理念的高度。可以说对扶贫高度的政治承诺是中国减贫取得巨大成绩的一项重要的政治保证。

一方面政府对扶贫有着高度的政治意愿，另一方面政府自身的资源和能力难以实现自己的目标，这就形成了"有限能力"和"无限责任"之间的张力。在这种关系下，政府可行的选择就是把不属于自己控制的外部的资源也调动起来，将市场机制、公益机制融入行政机制，这样便形成了整体性扶贫的治理模式。

第二节　"整体性"的特征与西方治理模式的对比

中国的国家治理深具本土色彩，中国的国家治理体系是在党的领导下管理国家的制度体系，包括经济、政治、文化、社会、生态文明和党的建设等各领域体制机制、法律法规安排，也是一套紧密相连、相互协调的国家制度。[①] 为了体现中国治理体系的本土特性，本节将在前文建立的描述框架下，把整体性扶贫与西方政府公共行政传统下的治理逻辑进行比较。特别是与西方治理理论的网络化治理和整体性治理的整

---

① 习近平：《切实把思想统一到党的十八届三中全会精神上来》，《求是》2014 年第 1 期。

合模式系统对比，确立整体性扶贫的独立性，展现中国国家治理体系的本土逻辑。

一 网络化治理与整体性治理的整合模式

整体性治理与网络化治理的整合维度都是多元化的。首先，整体政府（Holistic Government）可以将不同空间和层次的机构和组织进行整合，例如不同国家间的机构整合、地方机构与中央机构的整合；其次，为了解决新公共管理改革造成的政府部门"碎片化"问题，整体政府主张可以将政府内部不同功能的部门进行整合，当然整合的部门可以有多有少；最后，整体政府还提倡政府与企业、第三部门三者之间的整合。根据上述分析，足可见整体政府整合维度的丰富。从整体政府的整合维度中，可以看出在整体政府理论的方案中，参与公共事务的主体是多元的，包括各个国家、各个区域和各个级别的政府机构、营利机构以及非营利机构。网络化治理中来自政府、市场和市民社会的参与者在一个制度化的框架中相互依存，并为实现一定的公共价值而展开联合行动。政府不再是公共治理的唯一主体，通过分权、共享与其他主体一起提供公共服务和分担责任；参与主体的多元化来源于西方国家第三方政府的发展。西方政府在长达几十年的时间里，一直不断地加大利用私人公司和非营利组织而不是政府雇员来提供公共服务，实现政策目标。

与传统公共行政中政府是唯一的中心以及新公共管理强调政府放权不同，整体政府对政府角色的处理处于传统公共行政与新公共管理之间，它既接受新公共管理中权力分散的观点，也强调新公共管理改革后政府权力的适度回归。一个较强大的中央政府，对于各个维度的整合都能起到保证作用。从纵向上讲，强有力的中央能够为合作提供控制、计划和执行等方面的手段；从横向上讲，强有力的中央具有建立和控制跨部门组织的能力，能够采取更多的合作措施，更有效地监督专门机构。[①]
在网络化治理过程中，政府与其他社会组织组成了一个动态、复杂的网络系统。政府成为网络线路的管理者，位于网络的中心地位。但这种地位区别于传统官僚体制下集权政府的中心地位，政府仅是连接其他主体的一个节点和通道。它的任务是确定目标和政策，成为回应社会的战略制定者。政府只有通过整合网络中的各方资源、优势互补才能实现复杂的战略目标。总之，网络化治理中的政府，虽然不再具有最高的绝对权威，却承担着建立与维护网络及确定网络行动大方向和行为准则的基本使命。网络化治理中的治理结构是一种多元主体参与为实现公共利益而形成的伙伴关系，这种伙伴关系是政府与政府间权力及资源的配置关系、政府利用市场主体提供公共服务相互利益满足的关系、政府与社会主体间对共同价值理念追求的关系。

传统公共行政依靠的官僚制面对多元化时代日益复杂的问题时总是倍感吃力，借鉴网络化的组织模式是当今公共行政的主要趋势。基于传统官僚制建立的"多中心"网络型组织从过去的单一控制转变为双向互动、多渠道的参与结构。网络化治理在整合和利用资源、提高决策制定和执行质量、增强顾客满意度、提高组织灵活性和回应性等方面，要比传统的官僚制更为有效。它具有三大优势。第一，具有专门化的优势。网络型组织可以让网络中的每个主体通过开发最好的合作伙伴得以解脱并专心于其核心的使命。第二，网络型组织有助于创新。创新在一个像官僚制政府这样的层级组织中所遇到的阻力往往会比在网络内部遇到的阻力更大。网络就是以这种方式，通过提供比一个单一组织更为及时获得广泛知识的做法，促进了学习和持续的改进。

---

① Tom Christensen、Per L. Greid：《后新公共管理改革——作为一种新趋势的整体政府》，《中国行政管理》2006 年第 9 期。

第三，网络型组织在速度和灵活性方面具有优势。由于决策结构等级化，僵硬的官僚体制对于新环境的反应速度很慢。① 然而，网络型组织自身并不能完全支撑西方政府的整合方案，韦伯的层级型官僚组织体制仍发挥着重要的作用。尽管传统的公共行政模式广受诟病，但韦伯建立的官僚组织结构至今仍是大部分组织内部的核心架构。"整合机制"同样也是西方政府需要重点考虑的问题。在西方，一切依法而行，因而无论是政府权威，还是利益交换都建立在法治的基础上。

权威、利益、价值认同、协商、信任等都是西方整合模式中重要的整合机制。在整体性政府中权威不仅仅体现在政府内部，也同样体现在政府外部。对于政府内部的整合，行政命令是最好的实现机制，因此西方政府会通过建立正式合作机制、制定正式的法案实现政府内部各机构之间的合作，例如英国前首相布莱尔签发的《现代化改革计划》。政府权威也可以成为整合多元主体和机制的一种资源，例如，批准营利机构和非营利机构的正式成立、赋予政府外部组织监督某项事情的职责等。在网络化治理中权威也是维护网络的重要力量，只是这种权威来源并非只属于政府一家，也可以来自非政府组织。利益交换仍是西方政府方案中最普遍的联结纽带。合同制会出现在政府内部各机构之间的合作中，以保证合作的顺利进行。政府与外部机构的广泛合作起源于"划桨"向"掌舵"的角色转变，其实现方式是政府与第三方政府的平等合作，大多依靠政府采购、政府外包的方式，所依托的合作保障仍是合同制，合同制是保证利益交换公平的最佳方式。网络中各主体之间实现良性互动，共同的价值理念是实现整合的基础。在治理网络或是整体政府中，公民是各种参与主体服务的主要对象，促进公共利益的最大化也是多元

---

① 〔美〕斯蒂芬·戈德史密斯、威廉·D. 埃格斯：《网络化治理——公共部门的新形态》，孙迎春译，北京大学出版社，2008，第27～29页。

参与主体共同追求的最终价值，在这个前提下才有可能实现不同主体间的整合与协作。信任机制在网络化治理中也不可或缺，众所周知信任是合作的基础，一方面信任的建立可以避免集体行动的风险；另一方面信任也是整合机制的重要补充，不论是通过行政命令还是通过契约建立的整合都存在一定的缺陷或遗漏，这时候主体间的信任关系就可以填补这些空白，保障网络的有效运行。协商机制也是网络化治理中主体间互动的一种重要机制。协商不同于科层制下的命令，而是基于主体间平等关系下对资源、权力或责任的共享与分担，协商与信任相辅相成，协商有利于信任的建立，基于信任关系的协商更加有效和稳固。主体间各种优势的互补是形成网络的重要原因，但整合这些优势必须通过对主体间彼此优势的学习吸收，也少不了对有效经验的总结归纳。

二 整体性扶贫与西方协同治理、网络化治理模式的比较

（一）参与主体

两者在参与主体这个维度上基本相似，都主张不再由政府单一地提供公共服务。面对复杂的公共议题要整合公共部门（政府）、私人部门（企业）和非营利部门多方的资源形成合力，优势互补，共同有效地解决公共问题。

就政府这一参与主体而言，为了应对具体的问题，中西方政府都会有针对性地决定通过成立一个新的部门或者利用原有的政府部门解决问题。中国政府与西方政府相同，通常采用行业对口部门间的合作来解决问题，也就是说通过政府内部的水平整合方式集合多个政府部门的力量，如成立国务院扶贫开发领导小组及其下设的扶贫办系统、沪滇合作领导小组，而西方政府可以成立部际委员会、专项工作小组、联合小组

等。西方政府也会成立正式的新的机构或者秘书处，例如英国政府以公众需求为基础所进行的功能性组织重建。

参与主体的差异主要是市场主体和社会主体的组成不同，整体性扶贫的参与主体的性质比西方网络化治理下的参与主体复杂些。由于中国改革开放以前的政治体制留下的政治遗产，中国的市场主体和社会主体情况复杂。一是在市场主体上，虽然中国已经实现了由市场来配置资源，但在一些重要的战略领域存在大量的国有控股的市场垄断主体，如能源、电信、银行、烟草等系统。虽然这些国有企业数量不多，但在经济实力上仍不能小觑，因此对于这类主体并不能单纯地以私营部门来对待。二是社会组织的构成上，中国的国家与社会的关系与网络化治理下的西方政府有着很大的不同。西方的社会组织是在一个成熟的公民社会中活动。可以说社会组织在西方的公共治理中早已占据重要一席。而中国的社会组织多在改革开放后才逐渐出现、成长，虽然现在已有一定规模，但总的来说社会的力量在国家面前仍然弱小。在这些社会组织中，多数有影响力的还是具有官方背景的，如案例中的儿基会、青基会等。政府对社会组织"双重管理"模式的限制，又给社会组织的发展和功能的发挥加了道"箍锁"。社会组织虽然掌握着一些国家缺少的资源，但它在目前中国的公共治理中还只是一种重要补充。另外，整体性扶贫中还有一种特殊的主体，即政府通过成立不同于本体性质的新部门或新组织从而达到整合利用其他主体或机制的目的。如在"春蕾计划"中妇联系统成立儿基会来整合社会公益机制即社会资源，"866 整村推进"中待补镇政府通过成立城投公司来吸收市场的融资模式和项目运行模式，从而解决了现有机制本身无法解决的问题。

（二）参与主体的作用

在两种整合模式中政府都发挥着重要作用，都扮演着元治理的角色。政府都是政策最终的制定者和主要的推动执行者。对于政府在网络中的作用，二者都强调政府对网络的形成和管理要起主导性的作用，政府要承担起建立网络共同的行动准则和规划行动目标的任务，政府要协调各主体的利益目标的差异。政府是连接各主体的一个通道，各方可以通过政府直接建立联系。总之无论在网络化治理还是整体性扶贫中政府都是最重要的纵向与横向合作交织的节点，政府的重要基本职责是为参与的各方构建各种各样的网络。在两种治理模式中，政府都通过契约、服务外包或是特许经营让企业参与公共服务的提供。

但是，两种治理模式中主体的作用还是有着明显的差别的，特别是在政府的角色上。西方的"治理"概念所指向的社会理想具有淡化国家角色的倾向，但在中国的治理实践中，国家才是治理体系的核心。① 西方网络化治理，受治理理论"政府能力的有限性"和新公共服务运动政府从"划桨"到"掌舵"的转变影响深刻。因此网络化治理中的政府主张在网络治理中把"划桨"的具体执行任务基本都交给其他主体，政府要从繁重的任务执行中解放出来，而更多关注公共服务的目标设定及公共价值的选择。虽然在两种治理模式中政府都是网络的中心，但这两种中心的意义是不同的。政府在网络化治理中的中心是一个集成者，并不具备绝对的权威，它把许多行动者结合到一起来，确定具体政策、目标。在政策和目标的指引下，政府又担任了网络管理员的角色，动员和加强各方的参与和合作，协调行动以便共同获益。正如罗茨所言，治理是对网络的管理，意味着国家最低限度的参与。网络是一种对官僚制替代的治理结构，具有高度自治性，国家在网络中并不处于一个具有特权的、至高无上的地位，只能间接地对网络进行管理，不再以

---

① 薛澜、张帆、武沐瑶：《国家治理体系与治理能力研究：回顾与前瞻》，《公共管理学报》2015 年第 3 期。

强制性权力参与网络。①

　　在网络化治理与整体性治理中主体间的关系是一种多元主体参与为实现公共利益而形成的相互依赖的伙伴关系。这种伙伴关系是在共同的目标下，基于网络成员间的持续互动而形成的。具体包括政府与政府间权力及资源的配置关系、政府利用市场主体提供公共服务相互利益满足的关系、政府与社会主体间对共同价值理念追求的关系。整体性扶贫中的治理结构也有这样的特征，也是在多元主体的参与下为减贫这个公共目标而形成的伙伴关系，只是这种伙伴关系是一种带有官僚体系印记的政府主导下的伙伴关系。可以说整体性扶贫的治理结构和西方治理传统下的整合有着相似的地方，但也有着自己的特征。

　　皮埃尔和彼得斯更为积极地看待政府进行持续治理的能力，治理理论最重要的转变，就是从以往直接控制转为间接施加影响。② 政府在四个方面仍是支配性的行动者。（1）为社会阐明共同目标并确定优先权。在治理网络中，虽然成员可以通过协商形成共同目标，但不能为更广泛的群体设立目标。政府可以通过合法程序和决策方式，为社会确立目标。政府的这一独特优势是其他组织不具有的。这是政府治理中的首要任务，也是最实质性的任务。（2）保持一致性。政府尤其是高层政府具有更加广阔的视野，并能平衡各方利益，在保持目标一致性和协调性方面具有优势。网络和市场虽然也可以通过协调机制帮助达成一致性，但缺少达成总体性目标的途径，这限制了他们相对于国家的协调能力。（3）掌舵。政府通过与社会行动者合作，促使社会达成预定目标。（4）问责。政府创造相应的机制使参与治理的行动者为其行动负责。

---

①　R. A. W. Rhodes, "The New Governance: Governing without Government", *Political Studies*, 1996 (44), p. 658.

②　Guy Peters and J. Pierre, "Governance without Government? Rethinking Public Administration", *Journal of Public Administration Research and Theory*, 1998 (8).

杰索普认为，国家在元治理中发挥着重要作用。国家提供了治理的基本规则，保证不同治理机制的兼容性，强调国家在规则制定中的重要性。①

而在整体性扶贫中，政府的作用无处不在。一般说来，在网络关系中，资源上拥有相对优势的成员会经常占据网络核心的位置，反之则只能在边缘徘徊。② 在整体性扶贫中，政府掌握着扶贫中绝大多数的资源及资金分配的权力，尤其是对于合作伙伴的选择上有着明显的区别。整体性扶贫中参与的企业或是非政府组织都经过了政府"有意识"的筛选和控制，并不是随便一个企业或社会组织就能轻易地成为政府的合作伙伴，得到政府的补助或配套资金。所以，整体性扶贫中的伙伴关系虽然也是基于双方自愿，也有平等的协商，基于信任的合作，但这种平等和信任都不同于网络化治理中的概念，整体性扶贫中的伙伴关系的建立都有其前提条件。

整体性扶贫的特点就是"政府主导"，政府在扶贫治理中的角色可以是策划者、决策组织者，也可以是具体的执行者，政府的身影在各个环节中均能找到，尤其是行政机制发挥着重要作用。在中国的扶贫治理中，政府对政府之外的参与者虽然不明显采用命令控制性的方式，但是其对社会、市场的调控能力及强大的动员能力仍不能忽视。政府掌握着其他主体参与的主动权，政府可以按照自己的意志选择整合的对象，也可以只整合机制而不选择主体，如通过成立新的部门整合新的机制，而主体实际上还是政府的"自己人"。而在网络化治理中，网络是十分开放的，具有很强的进入性。整体性扶贫是一种大政府的执政理念，而网络化治理则是"小政府，大社会"的整合环境。

① Bob Jessop, "The Rise of Governance and the Risks of Failure: The Case of Economic Development", *International Social Science Journal*, 1998 (50).
② 张康之、程倩：《网络化治理理论及其实践》，《公共管理科学》2010 年第 6 期。

政府与市场、社会的边界非常明晰，各自发挥各自的职能。政府在整合中对于市场和社会组织就是做好监督和评估的工作，不会具体干涉其活动内容。政府并不具备最高的绝对权威，主要是承担建立指导行动的共同准则及确定大方向的任务。"组织网络"或"公民参与网络"并不能取代政府的作用，且从网络治理的产生动力来看，网络治理是为了进一步提高政府提供公共物品和服务的水平。治理网络中的权力向度是多元的、相互的，它既不靠单一等级制自上而下的控制，也不完全受市场机制的操纵，它的运行逻辑是以谈判为基础，强调行为者之间的对话与协作，以交换信息、增进合作、降低冲突为要旨。

（三）整合维度

在整合维度上两者都主张跨部门、跨层级、跨地域的整合，都是一种政府、市场、社会三方主体共同参与的结构。在政府内部都要求相互协同，要求政府各部门、各层级的政府通力合作。如在整体扶贫中通过建立扶贫办系统领导小组实现了各部门、地方政府间、地方政府内部全面的合作。广义的社会扶贫体系也融括了各种性质（国有/民营）的市场主体和不同背景（官办/境外）的社会组织。西方的网络化治理也会通过部际联席会议或是新成立专项任务部门来实现政府内部的协同；政府外部通过签订类似于英国布莱尔政府的《合作框架协议》，通过政府采购、协议外包等方式让私人部门或社会组织来分享公共权利，提供公共服务。尽管两者的整合维度大体相似，但也存在细微差异。

在整体性治理和网络化治理中整合的目的是解决政府治理的"碎片化""空心化"问题。此外，根据 Perri 6 提出的整合框架，整合甚至可以超越区域和国界。在这一点上，相较于整体性扶贫，整体政府的整合维度涉及的层面更加宏观，但这并不能说明权威式整合在整合维度上不够广阔。在整体性扶贫中仍有中国与世行等国际多边组织合作的例子。同样，整体性扶贫也有自己特殊的整合维度。整体性扶贫中，除主体之间的整合外，还存在一种"另类"的整合维度——政府通过成立新的附属主体或改变既有主体的运行机制，实现对其他机制的整合。如"866整村推进"案例中政府通过成立国有控股的城投公司整合了市场的融资功能并筹集了建设资金。"春蕾计划"中，妇联系统通过成立儿基会实现了对公益机制的整合，通过公益机制整合社会资源来分享权力、分担政府的职责，儿基会通过与战略伙伴的深度合作还实现了对市场机制的整合。与玫琳凯的合作中，既接受了玫琳凯的捐赠，还利用玫琳凯的销售渠道宣传自己的产品并向更广大的群体募捐。在这样一个网络结构中实现了对政府、社会、市场多元主体、资源、机制的整合。

（四）整合途径

首先，在组织结构上，两者都需要一定的组织模式将各种主体组织起来，两者都是一种等级制和扁平分散的网络化治理模式的混合，即所谓"等级制庇荫下（in the shadow of hierarchy）的网络化"。[①]

其次，在连接纽带上，无论是中国还是西方，在多元整合中，政府都处于中心位置，那么政府采用何种机制去实现整合呢？如上文所述，根据韦伯的支配理论，支配的建立或是借助强制，或是通过满足，或是通过劝说。反映到多元整合中，政府若想实现多元主体整合，或者借助政府权威，或者通过利益交换，或者基于价值认同。西方政府充分发挥了上述三者的力量。

但在权威和价值认同两个维度上两者的具体内涵的表现有不同取

---

① 陈胜勇、于兰兰：《网络化治理：一种新的公共治理模式》，《政治学研究》2012年第2期。

值，两者最大的不同在于对行政权威的依赖程度上。在两种模式中政府
与社会组织或是市场的整合都要在法律手段、市场规范、契约的基础上
来实现。西方的政治体制更像一种"否决型"体制，政治权威所能发挥
的作用十分有限。就连美国这样的发达国家，也因为其政策过程中的
"否决型体制"而难以推动国家急需的公共政策和基础设施项目，比如
全民医保难以实施，高铁计划几近流产。① 而在整体性扶贫中整合的外
围环境与西方并不相同，中国的市场机制还须完善，法律制度也有漏洞，
社会组织对政府的依附性或是说政府对社会的控制仍比较多。虽然，协商
也会根据合同、市场规范和法律，但行政机制在这个过程中有很大的影
响，特别是当合同或是法律出现漏洞时，政府的行政权威就是决定性的
关键。

在价值认同这个维度上，国家间扶贫意愿的出发点和强烈程度并不
相同。中国的扶贫基于社会主义意识形态下"共同富裕"的发展战略、
"全面建设小康社会"的底线目标和执政党的"不忘初心"。"坚持不忘
初心、继续前进，就要统筹推进'五位一体'总体布局，协调推进'四
个全面'战略布局，全力推进全面建成小康社会进程，不断把实现'两
个一百年'奋斗目标推向前进。"② "我们不能一边宣布实现了全面建成
小康社会目标，另一边还有几千万人口生活在扶贫标准线以下。如果是
那样，就既影响人民群众对全面建成小康社会的满意度，也影响国际社
会对全面建成小康社会的认可度。所以，'十三五'时期经济社会发展，
关键在于补齐'短板'，其中必须补好扶贫开发这块'短板'。"③ 而西
方政府的减贫意愿多是基于竞选压力、对于选民的政治承诺，竞选人基

① 杨光斌：《论作为"中国模式"的民主集中制政体》，《政治学研究》2015 年第 6 期。
② 习近平在庆祝中国共产党成立 95 周年大会上的讲话，2016 年 7 月 1 日。
③ 习近平在部分省区市扶贫攻坚与"十三五"时期经济社会发展座谈会上的讲话，2015
  年 6 月 18 日。

于选票对减贫的承诺又无实质约束力，只能依靠穷人或整个社会的力量影响政治议程。

另外，在扶贫的社会文化理念上，中国的扶贫救济的文化氛围发端于儒家的"仁爱"，这一点区别于西方社会发端于基督教的"博爱"。两种扶贫的文化内涵不同是导致扶贫行为差异的重要因素。

表6-1 整体性扶贫与网络化治理、整体性治理整合模式比较归纳

对比维度	整体性扶贫	网络化治理、整体性治理
参与主体	改变公共服务由政府单一提供的模式；公共部门、私人部门和非营利部门都可以成为提供主体，形成政府、市场、社会多元参与的治理结构	
	市场与社会主体的构成相对复杂，国有企业和具有政府背景的NGO更容易成为政府的合作伙伴	政府、市场、社会主体在整合中都是平等的，可以自由的成为合作伙伴或退出整合
参与主体的作用	政府都承担着主导者的角色，都是公共事务治理的第一责任主体	
	政府"掌舵"与"划桨"并行；政府是唯一责任主体、政策制定者和网络的集成者，根据自身需要有选择性吸收其他的主体的优势，其他主体只能成为执行者，少数可以参与规划	"小政府"与"大社会"的理念，政府集中于"掌舵"，很少"划桨"；其他主体也可以参与政策的制定、项目的规划，甚至是资金的主要提供者；都可以是整合的发起者
整合维度	二者都包括政府内部的垂直整合、政府内部的水平协作以及政府与其他主体，如企业、媒体、研究机构、社会组织以及个人之间的整合三大维度	
	集中于本国范围内；整合维度更加丰富，政府通过成立新的附属主体或改变既有主体的运行机制，实现对其他机制的整合	整合甚至可以超越区域和国界
整合途径	两种整合模式中都采用科层与网络混合的组织结构；实现整合的机制都包括权威、利益满足、价值认同、协商、信任、学习等	
	政府在整合中处于主导地位，行政权威、行政机制是实现整合的重要依赖	西方政府并不具备整体性扶贫中政府所具有的政治权威和主导地位，更多依靠价值认同、协商、信任等实现整合

第三节　精准扶贫治理模式的独创性

由于整体性扶贫与整体性治理表面上十分相似，两者共同的典型特征是"多元整合"，但其背后又有着完全不同的运行逻辑，因此本节分别从为什么整合、如何实现整合两个方面对二者进行比较，以展现其异同。在此基础上确定整体性扶贫的独立性。

一　为什么整合

"为什么整合"这一比较维度主要考虑整体性扶贫和整体性治理产生背景方面的异同。

在西方，其现实困境主要是福利国家日益产生的各种问题，如政府规模的不断扩张、财政压力的凸显，同时国家解决经济、社会问题的能力和有效性降低，从而产生合法性危机。政府不再被视为解决问题的有效途径，甚至被视为制造问题的根源。[1] 其理论困境则是以层级制为主要组织模式所面临的困境。[2] 马克斯·韦伯和伍德罗·威尔逊都极为推崇科层体系，认为自上而下的控制和命令式科层体系是政府行政管理最为有效的组织模式。但是随着政府权力的不断扩张，该种组织模式也日益受到诟病。例如政府规模过大、行政效率低下，难以对公众需求做出及时回应。再者成熟的民主政治、完善的市场经济和发达的公民社会构

① Jon Pierre, *Debating Governace: Authority, Steering, and Democracy*, Oxford University Press, 2000.

② Guy Peters and J. Pierre, "Governance without Government? Rethinking Public Administration", *Journal of Public Administration Research and Theory*, 1998 (8).

成了"三足鼎立"的社会格局，市场和社会发育都十分成熟，有着和政府抗衡的能力。在这种三元格局中，"多元整合"是现代西方政府一直奉行的基本的公共治理方式。实际上，早在新公共管理改革兴起之前，西方政府已经拥有了长达几十年的利用第三部门（私人公司和非营利组织）而不是政府雇员来提供公共服务的历史。①

随着福利国家治理困境的突出，为了解决既能提供有效公共服务又能保护民主体制之间的矛盾，以撒切尔政府为代表的对传统治理模式的变革开始对中央政府集权模式进行反思。以市场化、民营化为背景的新公共管理改革浪潮把这一趋势推向新的巅峰。但是，由于对"分权""竞争""民营化"的过分强调，新公共管理改革过程又产生了"公共部门碎片化""政府权力空心化"等一系列问题，导致了很多跨职能部门功能边界的公共问题不能得到有效回应。如公共服务的外包减少了政府对政策执行过程的监管，政府难以对复杂的组织网络（特别是类似于贫困治理的多部门的议题）进行掌舵，也难以应对政策网络中的问责问题。因此，为纠正市场、网络化治理中的各种失灵问题，整体性治理应运而生，前者强调制度化、经常化和有效的"跨界"合作以增进公共价值，② 主张公共服务提供的多元化，由多元主体构成一个治理网络作为公共物品供给的重要手段来弥补单一行政主体的缺陷。尤其强调政府内部各职能部门之间以及各级政府之间的整合，并主张在一定程度上逆分权化，恢复中央政府权力，以保证全面整合的顺利实现。③

与西方不同，中国的"多元整合"出现在改革开放后，是中国政府

---

① 〔美〕莱斯特·M. 萨拉蒙：《公共服务中的伙伴——现代福利国家中政府与非营利组织的关系》，田凯译，商务印书馆，2008，第 11 页。

② 周志忍：《整体政府与跨部门协同——〈公共管理经典与前沿译丛〉首发系列序》，《中国行政管理》2008 年第 9 期。

③ Peter J. Laughhame, *Towards Holistic Government* Book Review, *Democratization*, 2004.

在新时期的社会形态下，为了切实高效解决具体问题而采取的公共治理方法。

首先，贫困问题和扶贫工作的属性要求政府内部各职能部门的有效整合。贫困是一个多维现象，"缺钱"或收入贫困只是最基础的贫困形式。在现代社会中，一个人最低的生活标准不仅仅是不挨饿，还包括拥有基本的受教育的机会、基本的医疗保障、基本的就业机会、基本的参与社会生活的权利等。[①] 因此，扶贫是一个综合性的概念，涉及人能力的发展，也是一项复杂的系统工程，单一的政府部门无法完成，所有相关部门的积极参与是不可或缺的。所以，尽管中央政府成立了专职的扶贫部门，但仍要求"各相关部门根据国家扶贫开发战略部署，结合各自职能，在制定政策、编制规划、分配资金、安排项目时向贫困地区倾斜，形成扶贫开发合力"。

其次，客观存在的政府失灵要求政府整合外部的社会力量参与扶贫。政府失灵、市场失灵、志愿失灵理论指出，在满足社会需求方面，政府、企业、社会组织，任何一方都不可能"包打天下"，它们各有所长，各有所短，只有通力合作，取长补短，才能最有效地满足社会需求。扶贫也不例外，同样面临瞄准率不高、资源稀缺等困境。因此需要政府、企业、社会组织的共同参与、有效合作、相互吸收。这就要求政府动员社会力量参与扶贫，并给予有效整合。

最后，除了上述技术性的、普遍性的原因之外，还有"中国国情"的特殊作用。中国政府在扶贫领域的宏伟目标和自身资源有限性的矛盾决定了"多元整合"的必要性。市场无法保障社会公平，制定和实施反贫穷计划是政府的基本职能。全面建成小康社会的执政理念，消除贫困、实现共同富裕，是社会主义制度的本质要求，社会主义要消灭贫

---

① 康晓光：《中国贫困与反贫困理论》，广西人民出版社，1995，第23页。

穷。相较于其他国家，在扶贫领域，中国政府具有更强烈的政治意愿和责任感。正是这种责任感使中国政府为自己设定了宏伟的目标，成为第一个承诺消除农村绝对贫困的发展中国家。但是，这一宏伟目标要在党的领导下，依靠全体人民来实现。

在多元化的时代，政府必须能够整合多元化的主体、多元化的资源、多元化的机制，才能实现超越其自身能力的目标。在这样的情况下，动员多元化的主体、整合多元化的资源、运用多元化的机制去解决问题，就显得特别重要。

中国政府应对上述"困境"和"机遇"的策略是"多元整合"。在我们"集中力量办大事"的制度优势下，充分发挥党的领导、行政权威、价值认同的作用，创造了定点帮扶、东西协作、社会力量扶贫等扶贫方式，综合运用行政机制、市场机制、非营利机制，汇集政府资源、企业资源、社会资源，以实现消除农村绝对贫困的伟大目标。

二　如何整合

无论是世行模式，还是整体性扶贫，在提供公共服务的整合中，政府都处于中心位置，那么政府采用何种机制去实现整合呢？如中西方政府均通过设定政策目标及问责机制、绩效管理、审计与监督等现代管理技术，实现对多元主体的控制。

在西方受"契约精神"的影响，政府习惯通过制定正式的法案实现政府内部各机构之间的合作，例如英国前首相布莱尔签发的《现代化改革计划》，而通常法案的通过是漫长而复杂的，所以在一些情况下，合同制也会出现在政府内部各机构之间的合作中，以保证合作的顺利进行。政府与外部机构的广泛合作起源于"划桨"向"掌舵"的角色转变，其实现方式是政府与第三方政府的平等合作，大多依靠政府采购、政府外包的方式，所依托的合作保障仍是合同制，合同制是保证利益交换公平的最佳方式。当然，政府外包不能解决所有的问题，① 建立各合作主体之间的共同目标和价值认同同样被西方政府运用在实现多元整合中。②

韦伯的支配理论同样适用于中国，在中国农村扶贫领域的多元整合中，行政权威、利益交换、价值认同都得到了广泛运用。这一点与西方网络化治理无异。然而，深入分析，中国政府实现整合的逻辑与网络化治理又存在本质的差异。

在网络化治理中，政府的作用及角色表现为以下几点。（1）政府有限地保留政策制定的权力。（2）政府官员或政治家是网络唯一的激活者。政府可以设计网络，政府有权通过补贴或合同的形式提供资金，吸引潜在参与者的注意力，鼓励多元行动者形成网络。政府可以利用人力资源或技术资源激活一个网络所需要的各种资源。（3）政府权威是形成网络的一种重要资源，政府可以有效利用召集不同行动者的权力，围绕重要的公共事务，为组织和个人提供合作机会，促使通过协商达成共识。③

而在整体性扶贫中政府的角色更为重要。第一，各类主体发挥的作用不同。党的领导发挥着决定性作用，中国政府仍然掌握着政策制定的权力及资金方面的关键资源，政府处于主导地位，其他主体属于"配角"。这一点前文已有全面论述。尽管在网络化治理中，政府也承担着"掌舵"的责任，政府可以通过合同条款、政府购买条件等政策工具对合作者进行紧密控制。总之，在整体性治理中政府处于网络中的核心地

① 〔美〕斯蒂芬·戈德史密斯、威廉·D.埃格斯：《网络化治理——公共部门的新形态》，孙迎春译，北京大学出版社，2008，第17页。
② 竺乾威：《从新公共管理到整体性治理》，《中国行政管理》2008年第10期。
③ 田凯：《治理理论中的政府作用研究：基于国外文献的分析》，《中国行政管理》2016年第12期。

位，但并不拥有如中国政府一样的"集中力量办大事"的能力。

第二，在各种机制的关系上，行政机制处于主导地位，其他机制处于从属地位。市场机制、社会机制被允许存在，并得到了发展，但是它们运行的前提是遵循政府的统筹规划。尽管企业和非营利组织拥有法律上的独立性，但是行政机制的主导性决定了政府能够对它们施加有力的影响。对于非营利组织而言，政府能够自主地决定它们能否获得合适的法律身份、能否得到法定的税收优惠、能否在某个领域开展活动等。福山也曾指出，中国之所以成功，是基于政治体制能够迅速做出重大的、复杂的决策，并有效地实施决策。① 行政机制的主导地位也决定了中国社会治理的特殊性，中国的国家治理与社会治理是相结合的，其中的社会治理更多的是中国本土的社会治理概念，它表现为国家治理之下的剩余治理或辅助治理，因此，中国的社会治理远不是西方引进来的"治理"概念，而应该称其为国家治理主导或是行政机制主导下的协同治理。

其特殊背景是，改革开放前的全能主义的制度惯性以及政府主导型改革，使得政府能够始终保持主导地位，自主地确立和追求自己的目标，并动员社会力量参与其中。

第三，中国的扶贫治理逻辑乃至国家治理体系从内到外都体现出政治性，政府具有得天独厚的政治权威。在党的全面领导下，民主集中制确立了对中央权威的绝对服从，如"个人服从组织、下级服从上级、全党服从中央"。因此政治权威也成为中国农村扶贫治理中的一个重要逻辑。就西方行政实践逻辑的基本结构而言，其管理学路径未能正确对待公共行政中的政治属性。在政治与行政二分的研究传统下，美国行政学

---

① Fukuyama F, "US Democracy Has Little to Teach China", https：//www.ft.com/content/cb6af6e8 – 2272 – 11e0 – b6a2 – 00144feab49a［2018 – 11 – 04］.

着力切割行政与价值层面的政治性以及技术层面的复杂性之间的连接，主动弃守价值、体制、政治等领域的核心理论命题。因此以美国为代表的西方行政学学术体系排除了政治视野与价值分析，专注于技术与效率，寻求建立一门具有普遍有效性的行政科学，体现出研究视野的单一性。[①] 而中国的贫困治理逻辑中政治性是不能忽视的一个重要变量。在中国政府的话语体系中"讲政治"是一个极具内涵和分量的词语，是一种特殊的指令性、要求性的表达。由于中国共产党在国家政治生活中处于领导地位，党的政治权威发挥了重要作用。一件事情如果被提高到"讲政治"的高度，往往就具有较高的优先级，是地方政府第一行动准则。在现实生活中，如果上级政府要求下级政府必须以"讲政治"的高度实现某一目标，通常意味着下级政府不得不完成这一目标。[②]

脱贫攻坚就是我国近年来一个最典型的在特定时间与特定背景下必须完成的"政治任务"，对贫困地区特别是贫困县来说扶贫是党政工作中最大的政治。如定点帮扶、东西协作不是地方政府法定职责，而是一项政治任务。上海市在法理上并没有要帮助云南省脱贫与发展的依据，并且每年通过向中央政府上缴的国税实际上已经完成了地方政府对中央和国家的法定义务。但是每年仍然要将自身财政收入的1%用于东西协作扶贫，对口帮扶云南、西藏、新疆、青海和三峡库区。沪滇扶贫协作20多年来，上海市累计投入帮扶资金71.01亿元。[③] 另外"五级书记一起抓"也是这种政治性的体现，从中央到各级党政"一把手"的政治权威是对扶贫干部最大的激励和督导。如在独龙族整族脱贫的案例中，习

① 罗梁波、颜昌武：《中美行政学本土化路径：基于研究方式的再比较》，《中国高校社会科学》2019年第4期。

② 陈国权、陈晓伟：《法治悖论：地方政府三重治理逻辑下的困境》，《社会科学战线》2019年第1期。

③ 《脱贫路上东西携手硕果丰——2018年沪滇、粤滇扶贫协作工作纪实》，云南网，http：//m.yunnan.cn/system/2018/12/17/030139660.shtml。最后访问日期，2019年1月2日。

近平总书记的多次"关注""回信",保证地方政府的充分重视,使得整合与协作都十分顺畅。类似的政治权威作为整合机制在定点帮扶、东西协作中得到了充分的体现。

到目前为止,定点帮扶和东西协作仍是中国扶贫体系中最为重要的、效果最为显著的扶贫方式。在定点帮扶中,扶贫工作同样并不属于被整合的主体的法定职责,应当说扶贫是政府附加的一项政治任务。党的政治权威保证了各级政府和社会力量对扶贫工作的充分重视。在近年来的精准扶贫中,多数国有企业甚至外资企业对公益事业的捐款数额或是对定点扶贫地区的支持力度都呈上升趋势。如"中国茅台·国之栋梁"希望工程圆梦行动是贵州茅台集团与中国青基会合作的一个项目,资助当年参加高考并被全日制普通高等院校录取的农村家庭经济困难且品学兼优的大学新生,解决其从家门到校门的交通与生活费,资助标准为一次性5000元/人。项目的捐款数额从2012年的一千多万元已经递增至现在的一亿元。该项目初始阶段并不限制资助对象的籍贯,但是最近几年茅台集团都被要求每年将一半的捐赠额(五千万)"留"到贵州省青基会,用于本省的扶贫事业。实际上,无论是下达扶贫任务,还是进行绩效考核,其背后没有党的权威都难以顺利进行。这种整合方式在西方是不存在的,因为所有参与其中的主体都是在法定职责范围内发挥自己的作用,甚至各行其是,缺乏一个统一而有力的整合力量。

更重要的是,政治文化是政府及行政机制在中国农村扶贫事业中的有力支持。中国传统政治文化和社会主义意识形态赋予政府以扶贫的名义动员或支配社会的强大的正当性或合法性。

定点帮扶、东西协作,没有法律依据,不属于法定职责或义务,但是帮扶者能欣然接受上级指派的"刚性任务",不但自己出力出钱,还千方百计动员一切可以动员的力量无偿援助自己的帮扶对象。政治动员无法完整地解释这一现象,中国独特的政治文化及其确立的正当性理念发挥了不可或缺的，也是至关重要的作用。同样，在动员社会力量参与农村扶贫的过程中，这种政治文化或价值认同，更是发挥了决定性的作用。

至此，整体性扶贫的理论构建已经完成。整合的对象包括以下几方面。(1) 多元主体，包括政府部门、多层级政府、多地区政府，以及政府之外的各类主体，如企业、事业单位、社会组织和个人；(2) 多元资源，包括政治资源、经济资源、社会资源，政府的资源和社会的资源；(3) 多元化机制，包括行政机制、市场机制、公益机制。以公平为目标、发展为宗旨，以政府为主导，通过垂直命令链与水平的合作链相结合，实现上述多元要素的有效整合，进而实现既定的扶贫目标，我们把这样的扶贫模式称为"整体性扶贫"。整体性扶贫，与当今世界主流的公共行政"技术"不谋而合，如在新公共管理基础上发展起来的无缝隙政府、协同政府、网络化管理、整体性治理等；同时，它又充分发挥和体现了我们国家"集中力量办大事"的制度优势。

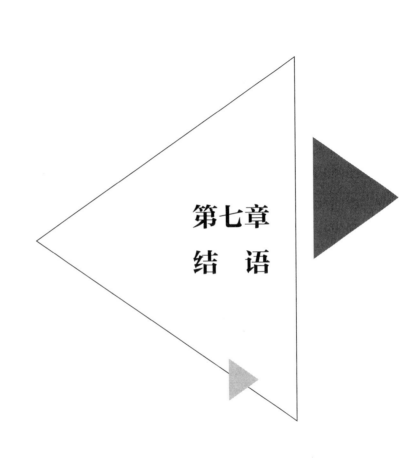

第七章

结　语

　　本项研究以中国农村扶贫为研究对象，通过以云南为代表的典型案例研究，归纳总结出中国政府在扶贫治理中的这套解决方案的特点。依据其对多元主体、多元机制整合的特征，通过与网络化治理和整体性治理理论的对比构建出整体性扶贫这一概念，概括出中国农村扶贫的治理机制的典型特点，以求为丰富中国公共行政理论贡献一份微薄之力。

　　本项研究完成了三大任务，首先，从公共治理的角度对国内外关于中国农村扶贫治理模式的文献进行梳理，寻找本项研究的突破口。通过对相关的文献研究发现，从公共行政的角度对开发式扶贫模式的研究十分薄弱，多数研究局限在发展经济学领域或是围绕开发式扶贫的效率来总结中国的开发式扶贫。在仅有的从公共治理角度探析总结开发式扶贫的文献中，都看出了开发式扶贫最大的特点是：政府主导及政府对社会力量广泛动员。政府不但内部协同合作、整合各部门资源，而且对外动员多种主体共同参与扶贫，吸纳市场、社会多元机制的优势。遗憾的是，这些文献并没有讨论在这种多元主体、多元机制的网络结构中，政府与其他主体间的关系及政府如何实现整合。多元主体间的关系和整合维度、整合机制是网络化治理与整体性治理关注的核心问题，本书通过对相关文献的梳理并结合开发式扶贫的特点建立了描述框架。将治理结构分解为扶贫主体、参与主体的作用、整合的维度三个方面；治理机制方面有整合、协商、信任、学习等。

　　其次，本书以中国农村扶贫为研究对象，从云南整乡推进、沪滇合作、社会扶贫三大扶贫实践中选取了"866 整村推进""会泽送母分仔""独龙族帮扶""光明集团产业扶贫""上海信托教育助学""乐施会社会扶贫""春蕾计划"等案例。通过归纳总结这些案例在描述框架各维度上的表现,认为精准扶贫模式最典型的特征表现为一种"整体性"。具体为:政府几乎动员了现存的一切"主体""机制""资源"参与农村扶贫事业;政府采用了多元化的组织模式,针对不同的扶贫主体,根据其固有的行为逻辑以及其与政府的法律关系,设计了不同的动员、协调、管理方法;政府建立了自上而下的、全国性的、制度化的协调和激励机制;中国农村扶贫"整体性"中最具特色的是"政府主导",尽管扶贫领域中存在多元的主体、多元的机制、多元的资源,但各种主体扮演的角色不同,各种机制的地位也并不平等,政府始终处于主导地位,其他主体均为"配角"。这种"整体性"克服了公共管理中容易出现的"九龙治水、各自为政"的碎片化治理问题,实现了政府内部各部门各层级之间,政府、市场、社会之间的有效的协同治理。

最后,基于上述特征通过与西方相关理论的对比,提出整体性扶贫的概念。在治理结构上两者都是一种多元参与的结构,多元主体为实现公共利益形成伙伴关系,这种伙伴关系是政府与政府间权力及资源的配置关系、政府利用市场主体提供公共服务相互利益满足的关系、政府与社会主体间对共同价值理念追求的关系。但是在整体性扶贫中政府与市场、社会主体的特殊性,造成了主体间关系的差异。整体性扶贫中国有企业与具有官办背景的 NGO 是政府主要的合作伙伴,少部分国际组织或国际 NGO 在政府的"意愿"下也能产生合作,但大部分民间组织都不是政府的合作伙伴。政府在网络中发挥的作用也不同,整体性扶贫中的政府是网络的重要节点、企业与社会组织的沟通渠道;要"掌舵"也要"划桨",政府是网络主要的管理者和集成者。其他主体成为网络维护者与集成者的情况非常少,并且在这种少见的情况中仍须借助政府的影响完成对网络的集成。在各种机制的关系上,行政机制处于主导地位,市场机制、社会机制被允许存在,并得到了发展,但是它们运行的前提是遵循政府的统筹规划。这种政府主导的治理结构，党的全面领导的政治权威起到了决定性作用。整体性扶贫中政府采用了一种科层与网络混合的组织结构，以政治权威、价值认同、利益满足为纽带实现了对多元主体、多元机制的有效整合。

中国的开发式扶贫是一个涉及面广又十分复杂的问题，要准确全面地把握各个主体间、机制间的关系，厘清多元整合背后复杂的机理，是非常困难的。正如海迪所言，"寻找一个包罗万象的分析框架看起来是永无终日"。① 所以，尽管本书非常希望能够从中国农村扶贫这一伟大实践中概括出一种本土化的治理理论，但由于本人研究水平不足且受研究条件的限制，完成这一美好的设想还有很长的路要走。坦率地说，本研究还存在以下不足。

一是在资料收集上的不足。虽然本人曾多次到云南不同案例地调研，访谈的对象涉及政府官员（有政策制定者，也有组织实施者）、企业及社会组织相关项目的负责人、贫困农户等。但由于问题的敏感性和缺乏足够的信任感，在访谈时大量预设的问题得不到正面回答，还多次陷入被"踢皮球"的困局。再加上个人研究经验的缺乏，在访谈中对某些更深层次的问题缺乏敏感性或进一步的挖掘可能并没有到位，造成了本研究在局部问题上的短板，还不得不借用一些政府内部的文件、总结等二手资料来弥补一手资料的欠缺。

二是在研究内容上的不足。首先，无论是整体性扶贫还网络化治理中的治理机制都是十分丰富的。由于本人研究能力和时间有限，本书只关注了精准扶贫中"政府主导"下的全面整合这一典型特征，对于其他机制的作用及发挥作用机理并未探究。不过本次研究已起到了投石问路

---

① 〔美〕费勒尔·海迪：《比较公共行政》，刘俊生译，中国人民大学出版社，2006，第39页。

的效果，对整合机制的研究也为下一步对其他机制的研究找到了一套可能的研究途径。其次，本项研究缺乏对整体性扶贫的"有效性"的研究和评价。在以后的研究中，本人将从学理层面，论证整体性扶贫在"效率"上的优势。

参考文献

[1] 〔澳〕欧文．休斯著《公共管理导论》，张成福、王学栋译，中国人民大学出版社，2007。

[2] 〔美〕B. 盖伊·彼得斯：《政府未来的治理模式》，中国人民大学出版社，2003，第23页。

[3] 〔美〕E.S. 萨瓦斯著《民营化与公私部门的伙伴关系》，中国人民大学出版社，2001。

[4] 〔美〕H. 乔治·弗雷德里克森著《新公共行政》，丁煌、方兴译，中国人民大学出版社，2011。

[5] 〔美〕拉塞尔·M. 林登著《无缝隙政府》，汪大海、吴群芳译，汪大海校，中国人民大学出版社，2001。

[6] 〔美〕莱斯特·M. 萨拉蒙著《公共服务中的伙伴——现代福利国家中政府与非营利组织的关系》，田凯译，商务印书馆，2008。

[7] 〔美〕罗尔斯著《作为公平的正义》，姚大志译，上海三联书店，2002。

[8] 〔美〕马尔科姆·沃特斯：《现代社会理论》（第二版），华夏出版社，2000。

[9] 〔美〕斯蒂芬·戈德史密斯、威廉·D. 埃格斯著《网络化治理——公共部门的新形态》，孙迎春译，北京大学出版社，2008年6月。

[10] 〔美〕文森特·奥斯特罗姆：《美国公共行政的思想危机》，上海三联书店，1999。

[11] 〔美〕尤金·巴达赫著《跨部门合作——管理"巧匠"的理论与实践》，周志仁、张弦译，北京大学出版社，2011。

[12] UNDP：《反贫困与不平等》，中国农业出版社，2012。

[13] UNDP：《中国新发展阶段中的减贫挑战与对策研究》，《联合国开发计划署》，2013。

[14] 阿马蒂亚森：《不平等之再考察》，社会科学文献出版社，2006。

[15] 阿马蒂亚森：《以自由看待发展》，中国人民大学出版社，2002。

[16] 陈思堂：《参与式发展与扶贫》，商务出版社，2012。

[17] 陈振明：《公共管理学——一种不同于传统行政学的研究途径》，中国人民大学出版社，2003。

[18] 共济著《新阶段社会扶贫体制机制创新》，中国农业出版社，2011。

[19] 康晓光：《NGOs 扶贫行为研究》，中国经济出版社，2001。

[20] 康晓光：《邓小平时代》，世界科技出版社八方文化创作室（新加坡），2013。

[21] 康晓光：《中国贫困与反贫困理论》，广西人民出版社，1995。

[22] 康晓光、许文文：《多元与整合——改革开放时代中国发展方式实证研究》，社会科学文献出版社，2013。

[23] 康晓光等：《行政吸纳社会》，世界科技出版社八方文化创作室（新加坡），2010。

[24] 李习彬、李亚：《政府管理创新与系统思维》，北京大学出版社，2002。

[25] 李小云：《参与式发展概论》，中国农业大学出版社，2001。

[26] 李周：《社会扶贫中的政府行为比较研究》，中国经济出版社，2001。

[27] 林毅夫、林永军：《中国扶贫政策——趋势与挑战》，社会科学出版社，2005。

[28] 刘坚：《中国农村减贫研究》，中国财政经济出版社，2009。

［29］纳拉扬等：《谁倾听我们的声音》，中国人民大学出版社，2001。

［30］世界银行：《1990年世界发展报告——贫困与发展》，中国财政经济出版社，1990。

［31］世界银行：《1997年世界发展报告——变革中的政府》，中国财政经济出版社，1997。

［32］世界银行：《2000/2001年世界发展报告——与贫困作斗争》，中国财政经济出版社，2001。

［33］世界银行：《2004年世界发展报告——让服务惠及穷人》，中国财政经济出版社，2004。

［34］世界银行：《2006年世界银行报告——公平与发展》，世界银行，2006。

［35］世界银行、东亚及太平洋地区扶贫与经济管理局：《从贫困地区到贫困人群：中国扶贫议程演进》，2009。

［36］世界银行国别报告：《中国战胜农村贫困》，经济出版社，2001。

［37］孙立平：《动员与参与——第三部门募捐个案研究》，浙江人民出版社，2000。

［38］王庆安：《"伟大社会"：20世纪60年代美国社会改革及启示》，新华出版社，2008。

［39］俞可平主编《治理与善治》，社会科学文献出版社，2000。

［40］张成福、党秀云：《公共管理学》，中国人民大学出版社，2001。

［41］张慧君、欧志明著《国际组织在云南扶贫的实践与影响》，云南人民出版社，2012。

［42］中国（海南）改革发展研究院：《中国反贫困治理结构》，中国经济出版社，1998。

［43］中国国际扶贫中心：《国际减贫理论与前沿问题2012》，中国农业出版社，2012。

［44］中华人民共和国外交部、联合国驻华系统：《中国实施千年发展目标进展情况报告（2013年版）》，2013。

［45］Borzel, Tanja, Organizing Babylon——On the Different Conceptions of Policy Networks，1998.

［46］OECD, Development Co - operation Report Ending Poverty，OECD，2013.

［47］OECD, The DAC GuidelinesPoverty Reduction，OECD，2001.

［48］OECD, From Aid to Development - The Global Fight against Poverty，OECD，2012.

［49］Perri6, Towards Holistic Governance：The New Agenda，New York Palgrave，2002.

［50］Perri6, Holistic Government, Demos, 1997.

［51］PeterJ. Laughhame, Towards Holistic Government Book Review, Democratization, 2004.

［52］UNDESA（UnitedNations Department of Economic and Social Affairs）. 2010, Report on the World Social Situation：Rethinking Poverty. United Nations, New York.

［53］United Nations, The Millennium Development Goals Report 2009, United Nations, New York.

［54］United Nations 2010, The Millennium Development Goals Report 2010, United Nations, New York.

［55］Kickert Walter J. M. , Erik - Hans Klijn（eds. ），Managing Complex Network, Thousand Oaks：Sage Publications, 1997.

二　期刊文献

［56］Ravallion：《巴西、中国和印度的减贫比较》，《国际减贫动态》

2011 年第 5 期。

［57］ Solava Ibrahim，David Hulme：《公民社会的减贫作用及其贡献》，《国际减贫动态》2011 年第 9 期。

［58］ Tom Christensen、Per L. greid：《后新公共管理改革——作为一种新趋势的整体政府》，张丽娜、袁何俊译，《中国行政管理》2006 年第 9 期。

［59］ 蔡科云：《政府与社会组织合作扶贫的权力模式与推进方式》，《中国行政管理》2014 年第 9 期。

［60］ 陈胜勇、于兰兰：《网络化治理：一种新的公共治理模式》，《政治学研究》2012 年 2 月。

［61］ 杜旸：《全球治理中的中国进程——以中国减贫治理为例》，《国际政治研究》2011 年第 1 期。

［62］ 范小建：《60 年：一场消除贫困的攻坚战》，《权威论坛》2009 年第 23 期。

［63］ 胡佳：《迈向整体性治理：政府改革的整体性策略及在中国的适用性》，《南京社会科学》2010 年第 5 期。

［64］ 解亚红：《"协同政府"：新公共管理改革的新阶段》，《中国行政管理》2004 年第 5 期。

［65］ 匡远配：《中国扶贫政策和机制的创新研究综述》，《农业经济问题》2005 年第 8 期。

［66］ 蓝宇蕴：《奥斯特罗姆夫妇多中心理论综述》，《国外社会科学》2002 年第 3 期。

［67］ 联合国社会发展研究院：《反贫困与不平等——结构变迁、社会政策与政治》，郭烁译，《清华大学学报》（哲学社会科学版）2011 年第 4 期。

［68］ 刘民权：《教育、政府和市场在消除贫困方面的作用》，《国际减

贫动态》2013 年第 5 期。

[69] 罗伯特·B. 丹哈特、珍妮特·V. 丹哈特著，刘俊生译，张庆东校，《新公共服务：服务而非掌舵》，《中国行政管理》2002 年第 10 期。

[70] 欧文·E. 休斯：《新公共管理的现状》，《中国人民大学学报》2002 年第 6 期。

[71] 彭锦鹏：《全观型治理：理论与制度化策略》，《政治科学论丛》2005 年第 23 期。

[72] 彭正银：《网络治理理论探析》，《中国软科学》2002 年第 3 期。

[73] 清华大学调研组：《社会复合主体与公共治理——网络化治理的视角》，《民主民生战略研究与实践（上、下）》，杭州出版社，2010，第 140 页。

[74] 陕立勤：《对我国政府主导型扶贫模式效率的思考》，《开发研究》2009 年第 1 期。

[75] 孙柏瑛、李卓青：《政策网络治理——公共治理的新途径》，《中国行政管理》2008 年第 5 期。

[76] 唐德龙：《从碎片化到网络化：治理何以转向》，《中国图书评论》2010 年 9 月。

[77] 田星亮：《论网络化治理的主体及其相互关系》，《学术界》2011 年第 2 期。

[78] 汪三贵：《反贫困与政府干预》，《管理世界》1994 年第 11 期。

[79] 汪三贵、李周和任燕顺：《案例研究：中国的"八七扶贫攻坚计划"：国家战略及其影响》在上海扶贫会议上的演讲，2004。

[80] 汪三贵：《在发展中战胜贫困》，《管理世界》2008 年第 11 期。

[81] 王邦佐、谢岳：《社会整合：21 世纪中国共产党的政治使命》，《学术月刊》2001 年第 7 期。

[82] 王金艳：《当代中国农村扶贫开发模式论析》，《内蒙古民族大学

学报》（社会科学版）2008 年第 4 期。

[83] 王诗宗：《治理理论与公共行政学范式进步》，《中国社会科学》2010 年第 4 期。

[84] 武继兵、邓国胜：《政府与 NGO 在扶贫领域的战略性合作》，《理论学刊》2006 年第 11 期。

[85] 徐勇：《国家整合与社会主义新农村建设》，《社会主义研究》2006 年第 1 期。

[86] 鄞益奋：《网络治理：公共管理的新框架》，《公共管理学报》2007 年第 1 期。

[87] 张成福、王耀武：《反贫困与公共治理》，《中国行政管理》2008 年第 5 期。

[88] 张康之：《合作治理是社会治理变革的归宿》，《社会科学研究》2012 年第 3 期。

[89] 张康之、陈倩：《网络化治理理论及其实践》，《公共管理科学》2010 年第 6 期。

[90] 郑功成：《扶贫要建立多管齐下的机制》，《今日中国》2007 年第 5 期。

[91] 郑功成：《中国的贫困问题与 NGO 扶贫的发展》，《中国软科学》2002 年第 7 期。

[92] 周志忍：《整体政府与跨部门协同》，《中国行政管理》2008 年第 9 期。

[93] 朱德米：《网络状公共治理：合作与共治》，《华中师范大学学报》（人文社会科学版）2004 年第 2 期。

[94] 朱前星：《论和谐社会目标取向下中国共产党的社会整合模式选择与整合机制建构》，《社会主义研究》2006 年第 3 期。

[95] 竺乾威：《从新公共管理到整体性治理》，《中国行政管理》2008

年第 10 期。

[96] Boston. J, C. Eichbaum, State Sector Reform and Renewal in New Zealand: Lessons for Governance, Paper presented at the Conference on Repositioning of Public Governance – Global Experiences and Challenges, Taipei 18 – 19 November, 2005.

[97] George H. Frederickson, "The Repositioning of Public Administration," 1999 JohnCaus Lecture, American Political Science Association, Atlanta, December 1999.

[98] Patrick Dunleavy, New Public Management is Dead——Long Live the Digital Era Governance, Journal of Public Administration Research and Theory, 2006 (3).

[99] EvaSørensen, Jacob Torfing. 2009. Making Governance Networks Effective though Metagovernace. PublicAdminstation 87 (2).

[100] Tom Ling, Delivering Joined – up Government in the UK Dimensions, Issues and Problems, Public Administration, 2002 (4).

三 学位论文

[101] 曹洪民:《中国农村扶贫模式研究》,中国农业大学博士论文,2003。

[102] 刘慧:《利益分化下中国共产党的社会整合研究》,西南交通大学博士论文,2011。

[103] 谭莉莉:《网络治理的特征与机制》,厦门大学硕士论文,2006。

[104] 吴华:《中等收入阶段中国减贫发展战略与政策选择》,财政部财政科学研究所博士论文,2012。

[105] 周子齐:《网络治理视角下的地方合作扶贫研究》,中南大学硕士论文,2013。

四 网络资料

[106] 世界银行网站，http：//web. worldbank. org/WBSITE/EXTERNAL/
EXTCHINESEHOME/PROJECTSCHI/0，contentMDK：21465410 ~
menuPK：3535567 ~ pagePK：41367 ~ piPK：51533 ~ theSitePK：
353 5340，00. html，2013 年 9 月 16 日登陆。

[107] 上海市人民政府合作交流办公室网站，http：//xzb. sh. gov. cn/，
2014 年 11 月 8 日登陆。

[108] 人民网，http：//theory. people. com. cn/GB/41038/5526157. html，
2014 年 5 月 22 日登陆。

[109] Ravallion，Martin，《有利于穷人的增长：初级读本》世界银行发
展研究部，http：//web. usal. es/ ~ bustillo/RavallionPPGPrim-
er. pdf，2013 年 9 月 13 日登陆。

后 记

　　"扶贫"是近年来政府工作的重点，也是社会的热点议题。本书力图通过实践中的一些典型案例来呈现发生在神州大地上这一壮举的某些横截面，并试图从公共行政的角度归纳总结其内部运行的重要机理。中国农村扶贫的重要特征是"开发式扶贫"，这区别于救济式扶贫，其根本逻辑是依据个体农户既是贫困户又是一个生产单位的特征，通过一系列政策干预达到区域经济的发展与个体脱贫的双重目的。这也是"扶贫"一词中"扶"的内在含义——通过综合的帮扶措施让贫困户摆脱困境，可以实现自我发展的良性循环。党的十八大以来，以习近平同志为核心的党中央与时俱进地提出了"精准扶贫"战略，其"开发式"的本质特征没有变，根据当前剩余贫困人口的特征，更加注重瞄准机制和脱贫标准的多项维度。从过去的漫灌式的"涓滴效应"变为现在靶向式的精准施策，从过去单纯的以收入为脱贫标准变为"两不愁三保障"的综合衡量。从政治学角度看，中国政府能如此长时间与大规模地保持减贫政策目标的稳定性，又与我党的执政理念和执政合法性要求有着重要联系。可见，现实立足点与政治体制的差异是中国政府能取得脱贫伟大成绩的动因，也是我国政府公共行政的重要特点。揭示与厘清这些特质，不但是打赢当前脱贫攻坚战役的重要保障，也是2020年以后实现乡村振兴战略的坚实基础。

　　本书是在我的博士学位论文基础上修改完成的，因此我首先要感谢我的导师康晓光教授。早在2006年就认识了康老师，无奈本人天资愚钝，在博士生阶段才得拜入康门。先生是"有教无类"真实的写照，不但以博大的胸怀将尚未窥学术门径的我收至门下，还耳提面命地将我带上学术之路。在论文的写作过程中，康老师一直不间断地询问我们的进展，无论多忙都抽出时间与我们讨论，每次都不会少于一小时，这样的讨论在博士论文写作最关键的那几个月达到一周一次甚至多次。因此，我的论文是康老师倾注大量心血的结果，论文的核心观点也受康老师启发。除了"授业"上的严格、"解惑"上的不倦，康老师也十分注重对我们的"传道"。作为复兴儒家的推动者，康老师也时常给我们讲授儒家的治国处世之道与作为一个君子该有的价值观。在其熏陶下，我仿佛也找到了让自己得以宁静并追求的精神家园。奈何短暂三年，只学到一点皮毛，但终身受用。另外，还要感谢师母冯利，师母为人随和、亲切。从我毕业以来，她一直关心着我的工作和生活情况，每次见面都嘘寒问暖地询问我的近况，还不时给我讲述一些她和康老师生活中的逸事，在如何平衡工作与生活上让我深受启发。师母细致而热诚的关怀让我感受到了母爱般的温暖。

感谢社会科学文献出版社政法传媒分社的王绯社长、崔晓璇编辑在本书出版过程中给予的建议和支持！

最后，要感谢我的父母，虽然他们不理解我选择了一个在他们眼中相对"艰难"的职业，但仍一如既往地容忍我的"任性"，给予我最无私的支持和关爱。家人给予我的宽容和支持永远是我奋斗的动力。感谢妻子申燕对我的深爱和支持，她放弃了北京优越稳定的工作，孤身一人来云南陪伴我和孩子，正是她一人承担起了许多生活中的"苟且"，我才得以全身心地投入工作和本书的写作中。

陈忠言

2019 年 10 月于云南昆明

图书在版编目（CIP）数据

精准扶贫的治理逻辑：来自云南的样本 / 陈忠言著
. -- 北京：社会科学文献出版社，2021.10
ISBN 978 - 7 - 5201 - 8115 - 0

Ⅰ.①精… Ⅱ.①陈… Ⅲ.①扶贫 - 研究 - 云南
Ⅳ.①F127.74

中国版本图书馆 CIP 数据核字（2021）第 050456 号

精准扶贫的治理逻辑
——来自云南的样本

著　　者 / 陈忠言

出 版 人 / 王利民
责任编辑 / 崔晓璇
责任印制 / 王京美

出　　版 / 社会科学文献出版社·政法传媒分社（010）59367156
　　　　　　地址：北京市北三环中路甲 29 号院华龙大厦　邮编：100029
　　　　　　网址：www. ssap. com. cn
发　　行 / 市场营销中心（010）59367081　59367083
印　　装 / 三河市尚艺印装有限公司

规　　格 / 开　本：787mm × 1092mm　1/16
　　　　　　印　张：14.75　字　数：189 千字
版　　次 / 2021 年 10 月第 1 版　2021 年 10 月第 1 次印刷
书　　号 / ISBN 978 - 7 - 5201 - 8115 - 0
定　　价 / 98.00 元